世界でいちばん素敵な
お城の教室

The World's Most Wonderful Classroom of Japanese Castles

備中松山城（岡山県高梁市）

はじめに

城は、本来戦いのための施設でした。
多くの武将たちが命を懸けて、
自分の領土を広げようとして築いたにもかかわらず、
城は我が国を代表する芸術品でもあります。

それは、城主が自分の権力と財力を人々に知らしめようと
知恵を絞ったからです。
確かに、他を圧倒する大きさの天守は、
破風やさまざまな窓などを取り付け、美しさを醸し出しています。

それだけではなく櫓や土塀、高い石垣や広い堀など、
城を守るための工夫が城にはあふれています。
こうした城本来の持つ美しさを見るのも楽しみのひとつです。

さらに城を魅力的にしてくれるのが、絶景との融合です。
桜色に染まる天守や櫓、海や川の水に洗われる石垣、
雲海に浮かぶ城跡、新緑に彩られた土塀、
それぞれが一編の詩歌のような景観を生み出しています。

城跡から広がる絶景もまた、城の持つ魅力的な風景となっています。
本書は、城の歴史を学びつつ、こうした美しい景色を堪能できます。
城の美しさを実感しつつ、その構造や歴史の一端に触れてみて下さい。

加藤理文

Contents

目次

広島城（広島県広島市）

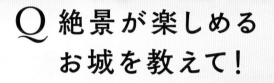
Q 絶景が楽しめる
　お城を教えて！

Ａ 竹田城や備中松山城、越前大野城などがあります。

これらは天空の城と呼ばれ、雲海を目当てに多くの観光客が押し寄せます。

絶景として城を楽しむか、
それとも城から絶景を楽しむか。

城は、建造物そのものの美しさも見どころのひとつですが、
どのような美しい景色のなかに建っているのか、
また城からどのような美しい風景が見られるのかも注目したい点です。
とくに、満開の桜と城の組み合せは絶品です。

Q 桜の見どころとして有名なお城はどこ?

A 北海道の松前城などが有名です。

日本各地に桜の名所とされる城があります。財団法人日本さくらの会が選定した「日本さくら名所100選」のなか
にも、城が多数あります。なかでも人気なのは北海道の松前城、青森県の弘前城、宮城県の船岡城などです。

松前城復元天守(北海道松前町)。江戸時代末
期に築城された松前城には、250種もの桜があるた
め、早咲き、中咲き、遅咲きと次々と開花します。
そのため2カ月間にわたり花見が楽しめます。

② 城めぐりで最も人気のある城は？

A なんといっても姫路城でしょう。

城めぐりで断トツの人気は、日本初の世界文化遺産に指定された兵庫県の姫路城です。1951年、天守群が国宝に指定され、城内の櫓（やぐら）・城門・土塀など計74棟が重要文化財に指定されるなど、貴重な遺構の宝庫となっています。

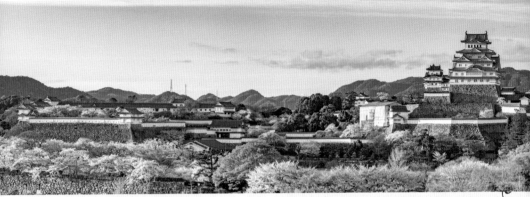

姫路城の天守（兵庫県姫路市）。現在見られる大規模な城郭は、関ヶ原の戦いのあとに城主となった池田輝政によって完成されました。幕末の騒乱や太平洋戦争でも戦火にさらされることがなかったため、「不戦の城」という別名もあります。

③ ほかにも絶景で人気のお城はある？

A 犬山城や岐阜城が人気です。

愛知県にある犬山城は、織田信長の叔父である信康が天文6年（1537）に築城しました。最大の見どころは天守から見渡す絶景で、木曽川と濃尾平野を一望できます。また、斎藤道三が堅固な山城に作り変え、のちに信長の拠点となった岐阜城（旧稲葉山城）も絶景の城として人気です。標高329mの金華山山頂にそびえる山城で、天守からは岐阜の街並みとともに長良川や恵那山を見渡すことができます。

岐阜城天守から長良川を望む（岐阜県岐阜市）。かつては稲葉山城と呼ばれ、斎藤道三が居城とする難攻不落の城でした。また、織田信長といえば安土城が有名ですが、美濃を攻略したのち、岐阜城と名を変えて居城としていました。城下には楽市楽座が布かれ大いに賑わったと伝わります。

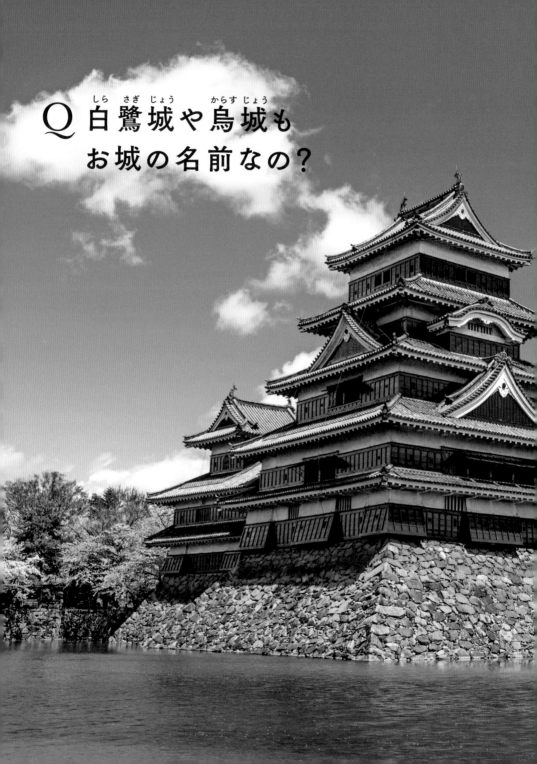

Q 白鷺城や烏城も
お城の名前なの？

5重6階の大天守がそびえる松本城
（長野県松本市）は、黒い下見板張
りの美しさで知られ、「烏城」の異名
で親しまれます。「烏城」の異名は、
ほかにも岡山城につけられています。
（写真：IkunI／PIXTA）

A 姫路城や松本城などの
　ニックネームです。

姫路城は、白鷺が羽を広げたような優美な姿から、「白鷺城」と
呼ばれています。「烏城」は黒い外観の岡山城や松本城の愛称。
風雨に強く耐久性に優れた黒い下見板張りが、力強い風格を
かもし出しています。

城につけられたさまざまな異名、古典や中国由来のものも。

城には、正式な名前とは別に特徴的な外観や立地条件、
あるいは伝説などから、異名・別称がつけられているものが多くあります。
なかには『万葉集』から採られた雅なお城も……。

Q 天空の城以外にも幻想的な風景が見られるお城はある?

A 岩村城や丸岡城などがあります。

これらは地理的な理由から霧や霞の中に浮かぶ幻想的な姿を見せる城です。岐阜県にある岩村城は、付近で霧が多く発生するため、別名を「霧ヶ城」とも呼ばれます。また福井県にある丸岡城の別名は「霞ヶ城」。合戦時に大蛇が現れて霞を吹いて城を隠したという伝説からきています。明智光秀が天正5年(1577)に築城した亀山城(京都府亀岡市)も「霞城」と呼ばれています。

桜まつりの丸岡城天守(福井県坂井市)。柴田勝家の甥、柴田勝豊が織田政権における北陸地方の最前線基地として築城しました。現存12天守(48ページ)のひとつで、戦国時代の天守の典型的な姿を伝える例として有名です。

霧が立ち込める岩村城。織田信長の叔母おつやの方の城として名高く、城下では「女城主」という日本酒も作られています。

② 日本一大きなお城ってどこ？

A 江戸城です。

本丸・二の丸・三の丸・西の丸・中郭の吹上・北の丸・西の丸といった内堀で囲まれた江戸城（東京都）の主要部分である内郭の面積は約425ha。外堀の中すべてとすれば、実に約2082haもありました。ちなみに、姫路城の主要部である内曲輪以内の面積は23ha、外堀で囲まれた外曲輪以内の面積でも233haでしかありません。江戸城がいかに大きいかがわかります。さすがは将軍様のお城です。

---

③ 海が似合うお城を教えて！

A 高松城や今治城があります。

生駒親正が天正16年（1588）に築城した高松城（香川県高松市）は、海城の代表例としてつとに知られています。瀬戸内海に面して築かれ、着見櫓が海上交通を監視する役割を果たしていました。また、船溜まりが城の東西に設けられ、戦時には軍港にもなりました。一方、今治城（愛媛県今治市）は、三重の堀に海水が引き入れられ、かつては海から直接堀の内側へ船で入ることができました。

高松城艮櫓（香川県高松市）。織田信長や羽柴秀吉に従った生駒親正が築城しました。

★COLUMN★
古典から採られたお城のニックネーム

城のニックネームにはほかにも古典から採られた雅な名称があります。

日本三大海城のひとつ高松城には『万葉集』から取られた玉藻城（たまもじょう）という異名があります。『万葉集』で柿本人麻呂が讃岐国の枕詞に「玉藻よし」と詠んだことにちなんて、そう呼ばれています。「玉藻よし」とは、美しい海藻の多い地という意味て、高松城周辺の海域は、「玉藻の浦」と呼ばれていました。

また、愛知県の犬山城には白帝城（はくていじょう）という別名があり、こちらは中国の城から採られました。白帝城とは、1世紀ごろ長江流域の丘上に築かれた城で、三国志の英雄・劉備が最期を迎えた地としても有名です。木曽川沿いの丘の上にそびえる犬山城を見て、江戸時代の儒学者・荻生徂徠が命名しました。

木曽川越しに眺める犬山城（愛知県犬山市）（上）。白帝城（下）は中国にあった城で、三国志の劉備が没した場所としても知られます。

Q 神社のように
　ご利益があるお城ってある？

浜松城（静岡県浜松市）は徳川家康が武田信玄に大敗を喫した三方ヶ原の戦いののちも、家康が用いた空城の計によって落城を免れたと伝わります。
（写真：大貫聡／アフロ）

Ａ「出世城」や「落ちない城」として
受験生に人気の城があります。

神秘的な美しさを誇る城のなかに、神様が祀られているものも……。

多くの城の天守には神様や宝物などが祀られていました。
また城の近くや城跡には、お寺や神社が建てられていることもよくあります。
そんなお城に足を運んでみれば、
もしかすると、なにかご利益があるかもしれません。

Q 城や城跡に寺社が多いのはなぜ？

A 城や国の守護のため城内に祀られたからです。

広島県の福山城にある三蔵稲荷神社、愛知県の犬山城の三光稲荷神社などが有名です。明治維新後に、元城主の顕彰を目的に建てられた神社も多くあります。上田城（長野県上田市）の本丸跡に建つ眞田神社や、八幡山城（滋賀県近江八幡市）本丸跡の瑞龍寺、大和郡山城（奈良県大和郡山市）の柳沢神社、熊本城（熊本県熊本市）の加藤神社などです。

眞田神社（長野県上田市）。真田氏、仙石氏、松平氏という歴代の上田城主を御祭神とする眞田神社は、上田城本丸跡に鎮座しています。

② 神様が祀られている天守もあるの?

A 小田原城や姫路城など、いくつもあります。

小田原城(神奈川県小田原市)の天守には戦いの神である摩利支天が祀られていました。また、松本城(長野県松本市)では二十六夜様が、姫路城(兵庫県姫路市)には刑部姫が、備中松山城(岡山県高梁市)には三振りの宝剣が祀られています。これは、天守が戦いに使われなくなる一方で、神格化を進めた結果とされています。

松本城天守の二十六夜様。元和4年(1618)、藩主戸田家に仕えるある武士が不思議な姫に遭遇し、「米を3石3斗と3升3合3勺を炊いて祝えばお城は栄えていくでしょう」というお告げを受けました。これを聞いた当時の城主・戸田康長は、以後このお告げに従って毎月26日のお供え物を欠かさなかったと言います。

★COLUMN★ 個人が所有するお城があった!

　国宝指定の城と言うと、文化財であり地方自治体が管理しているのが一般的なイメージですが、じつは愛知県の犬山城は21世紀の初めまで個人所有の城でした。

　戦国時代を生き延びた犬山城は、江戸時代の元和3年(1617)に尾張徳川家の重臣・成瀬正成が拝領し、以後、幕末に至るまで代々成瀬家が城主を務めてきました。廃藩置県によって一旦成瀬家の役割は終わったものの、明治24年(1891)の濃尾大地震によって城の一部が倒壊すると、その修理のために成瀬家に譲与。以後、成瀬家(犬山成瀬家)の当主が城主として個人所有し、維持・管理を行なってきたのです。しかし、所蔵する工芸品や文化財を含めた維持費のほか、相続に莫大な税金がかかるため、ついに2004年、財団法人犬山城白帝文庫が設立され、法人所有となったのです。

Ａ 幽霊が出ると伝わるお城があります。

島根県松江市の松江城天守には天守建設の際に人柱となった娘の幽霊が出たと伝わります。また、天守完成後、人柱を選ぶきっかけとなった盆踊りを行うと天守が鳴動するようになったり、城主の堀尾氏が断絶したりと、不気味な出来事が相次いだと伝わっています。

城は人が命をやりとりする場所、怖い話もたくさん伝わります。

観光客でにぎわっている城のなかには、妖怪が住んでいるとか、
幽霊が現われるといった伝説のあるものも数多くあります。
考えてみれば、城は人が命のやりとりをする場所でしたので、
それも当然のことなのかもしれません。

妖怪がいる伝説のあるお城ってどこ?

A 姫路城には長壁姫（おさかべひめ）という
女性の妖怪がいるとされています。

長壁姫は、姫路城（兵庫県）の天守に隠れ住んでいて、年に1度だけ城主と会い、この先1年間の城の運命を教えてくれると言います。この妖怪の正体はキツネとも、姫山の神ともされています。

『今昔画図続百鬼』（鳥山石燕）より「長壁」。姫路城が建つ姫山には、かつて刑部神社がありましたが、築城の際に別の場所に移動されました。あるとき、新たに城主となった池田輝政の身辺にさまざまな怪奇現象が起こり、病床に伏せってしまいました。これが刑部神社の神の祟りだという噂が流れたため、城内に神社を建立してこれを祀ったのです。

② 武将の幽霊が出る城もある？

A 福井城には柴田勝家の幽霊が出ると言います。

福井県の福井城（北ノ庄城）は柴田勝家の居城でしたが、羽柴秀吉に攻められ、勝家は自害に追い込まれました。この城は、足羽川と吉野川が合流した位置に築かれていましたが、勝家が死んだ4月24日の夜になると、足羽川に架かる九十九橋を、首のない勝家の軍勢の幽霊が出陣していく姿が見られると言います。

福井城跡（福井県福井市）。現在も石垣と堀が残る福井城は徳川家康が縄張した城ですが、その前には柴田勝家が北ノ庄城を築いて居城としていました。

---

③ 恐ろしい言い伝えのある城はほかにもあるの？

A 八王子城には怖い話がたくさん伝わります。

八王子城（東京都）は小田原城（神奈川県）の支城ですが、豊臣秀吉の小田原攻めの際、前田勢・上杉勢を中心とする大部隊の攻撃を受け、落城しました。そのとき、御主殿にいた北条方の婦女子らは滝の上流で自刃し、次々と身を投げたそうです。その結果、麓の村では川の水で米を炊くと、米が赤く染まったと言い伝えられています。ほかにも「城内ではすすり泣く声が聞こえた」「生首が追いかけてきた」などの噂が絶えません。

八王子城跡自然公園（東京都八王子市）。八王子城は北条氏照が戦国時代末期の元亀2年（1571）から築き始め、拡張が続けられた城です。

Q いちばん強いお城はどこ？

A 徳川家の大坂城や
名古屋城でしょう。

高い石垣と、深く幅広い堀、これを超えることは至難の業です。
※大阪城の記述については、現在の城を指す場合は「大阪城」、豊臣時代お
よび徳川時代までの城を指す場合は「大坂城」としています。

守りの要である城にとって、「強さ」はなにで決まるのか？

城は権力者にとってのシンボルであると同時に、
戦争で守りの要になるという極めて実用的な意味があります。
堅牢な城とするべく施された、さまざまな工夫を探ってみましょう。

強い城って、具体的にはどういうこと？

A 「二段構え」「三段構え」の防備がある城です。

西洋や中国の城は、敵を絶対に城壁内に入れないことを最優先して築かれています。一方、日本の城は、むしろ敵を引き入れて殲滅することを目的として築かれています。そのため城内には、「二段構え」「三段構え」の防備が施されているのです。

高取城（奈良県高取町）の石垣。日本三大山城のひとつに数えられ、天守をはじめ建物のほとんどは残っていませんが、高さ約8mを超える本丸石垣などの遺構をほぼ完全な形で見ることができます。

② 天守も城の強さに関係あるの?

A 関係ありません。基本的には城のシンボルであり飾りです。

城と言えば天守を思い浮かべるかもしれませんが、敵を防ぐという城の機能を考えたときに、天守にはそこまで意味はありません。それよりも城を取り巻く石垣や堀、天守へと続く複雑に折れ曲がった通路、敵を迎撃するための櫓(やぐら)などが大切です。城を見る際は、そういった仕掛けにも注目してみましょう。

③ 堅牢な防備があれば、強い城と言えるの?

A 長期戦も想定した
水や食糧の備えも大切です。

城では、長期間の籠城戦になることもあります。それに耐え抜くため、兵糧や水の備蓄も大切です。加藤清正の熊本城では、城内に120以上の井戸が設置されており、いざというときに食糧となる銀杏の木も多数植えられています。そのため熊本城は「銀杏城」とも呼ばれています。さらに土塀には干瓢(かんぴょう)を、畳には芋茎を埋め込んで万難に備えました。

熊本城内の井戸と天守(熊本県熊本市)。城を建てた加藤清正は、朝鮮出兵の蔚山城の戦いで城を囲まれ、「泥水をすすり、死馬の肉を喰らう」ほどの苦戦を強いられた経験から、戦における水の大切さを痛感し、熊本城にたくさんの井戸を掘ったと言われています。

④ 大坂城や名古屋城以外で
強い城はどこ?

A 熊本城は堅牢だったとされています。

先に解説したようにさまざまな工夫がなされている熊本城は、非常に強固な城だったとされています。実際、明治時代の西南戦争において、政府軍はこの城に籠城し、3倍以上の薩摩軍の猛攻に耐え抜きました。近代戦にも通用したという意味でも、実戦的な名城と言えるでしょう。

『鹿児島の賊軍熊本城激戦図』(永嶌孟斎)。江戸時代初頭に築城されて以来、260年の間ほぼ創建当時の姿を残していた熊本城は、明治10年(1877)の西南戦争によって一躍脚光を浴びました。西郷隆盛率いる薩摩軍の猛攻を50日以上にわたり凌ぎ切ったのです。(所蔵:国立国会図書館)

Q 全国にお城はいくつあったの？

Ａ 3万とも 4万とも言われます。

時代劇に出てくるような城だけが、本当の城ではありません。

城と言えば、高い天守に、深い堀、立派な城門……、
そんな姿がすぐに思い浮かびます。
しかし、実際にはそのような城だけではなく、さまざまな規模・用途の城がありました。

① 3万も4万も、天守があったようには思えないけど……。

A 天守がない城がほとんどでした。

中世・戦国時代初期の城郭は、土塁の上に簡単な仮設の建物を建てた急造の城がほとんどでした。天守や石垣造りの城が登場するのは、戦国時代も後期になってからのこと。全国的に普及するのは織田信長や豊臣秀吉が登場してからのことになります。

② 戦国時代以前の城があまり残されていないのはなぜ？

A ほとんどの城が土造りの城だったからです。

石垣と土塁の跡が残る赤木城址。（三重県熊野市）

戦国時代以前の城は、自然の要害地形を上手に使って、土を切り盛りして造られた土の城が主流でした。そのため、城が使われなくなると、草木が繁茂し、またもとの自然の山に戻っていったのです。

③ 城にはどんな分類があるの？

A 「平城」「平山城」「山城」の３種類があります。

城の分類方法は複数ありますが、江戸時代の軍学者は「平城」「平山城」「山城」の３つに分けていました。平城は平地に築かれた城、平山城は平野の中にある山や丘陵などに築城された城、山城は険しい山の地形を利用して築かれた城のことです。そのほかにも、海に面して築かれる城を「海城」と呼んだり、その海城を含めて川や湖沼などの水辺に隣接する城を「水城」と呼ぶこともあります。

岩櫃城（群馬県吾妻郡東吾妻町）

広島城（広島県広島市）

彦根城（滋賀県彦根市）

今治城（愛媛県今治市）

水上交通を監視する海賊たちの前線基地！
能島城（愛媛県今治市）

---

④ ひとつの城だけで、領地を守っていたの？

A 複数の城が連携して守っていました。

城には本城のほかに、本城を補完するための支城を領内に築いていました。また、隣国との境界近くにある「境目の城」や、狼煙による通信をおもに行うための「伝えの城」、部隊の中継地点となる「根城」など、補助的な役割をもつ支城もあります。これらは互いに連携し、領内には城同士のネットワークが築かれていました。

本城 領主の本拠地！

部隊の中継地点となる！ **根城**

伝えの城 情報伝達を担当！

国境を守りながら出撃の拠点となる！ **境目の城**

Q 日本のお城の原型は
いつごろできたの？

方形館の再現ジオラマ。出入口には櫓が建ち、平城の原型を見ることができます。（写真提供：国立歴史民俗博物館）

A 鎌倉時代です。

中世武士の館で、堀と塀に囲まれた方形の区画に母屋に当たる主殿が置かれた建物を方形館（ほうけいやかた）と呼びます。この主殿を中心として生活空間が営まれていました。これがのちに平城や水城へと発展していきます。

城のルーツは弥生時代、
文献上の最古の記録は7世紀。

日本の城の源流は、はるか弥生時代にまで遡ることができます。
文献上の最古の記録は、『日本書紀』に記された7世紀の城。
そして、鎌倉時代にその後の城の原型ができたのです。

Q 城はいつごろから築かれていたの？

A 弥生時代からです。

弥生時代には、収穫物や耕作地の水利をめぐってムラ同志が争うようになり、外敵からムラを守るために集落の
周囲に濠をめぐらせた環濠集落が日本各地に造られました。また山などの高いところに、要塞のような高地性集
落も造られました。ですがこれらは、集団の規模が大きくなりクニがつくられるようになると次第に衰退していきました。

吉野ヶ里遺跡の遺構（佐賀県吉野ヶ里町・神埼市）。約50haという広大な面積を持つ吉野ヶ里遺跡は、弥生時代の大規模環濠集落です。時代がくだるにつれて防御のための環濠（堀）の規模が大型化し、外濠と内濠の二重環濠となっただけでなく、敵の侵入を防ぐ柵や見張りのための物見櫓が次々と建てられたようです。

② 石垣を持つ城は戦国時代まで 存在しなかったの？

A 7世紀には石垣を持つ城が 築かれています。

飛鳥時代の663年、白村江の戦いに敗れた日本は、唐・新羅の侵攻に備えて近畿から西側に朝鮮半島の技術を利用して古代山城を建設しました。その代表が岡山県総社市にある鬼ノ城です。

鬼ノ城（岡山県総社市）。鬼ノ城は7世紀後半に築城された山城。山の上をぐるりと一周させた石垣や土塁でできた城壁は、長さ約3kmと壮大な規模を誇ります。

③ 文献上に記録されている 最古の城はなに？

A 664年に天智天皇が築いた水城です。

福岡県にある水城は、文献に記録された最古の城です。『日本書紀』に「筑紫国に大堤（おおつつみ）を築き水を貯へしむ、名づけて水城（みずき）と曰ふ」と記載されています。先にふれた鬼ノ城も同時期の築城とされますが、『日本書紀』などの史書には記載がありません。

水城跡（福岡県太宰府市・大野城市・春日市）。水城は鬼ノ城と異なり、『日本書紀』にその存在が明確に記されています。現在は、大規模な土塁しか残っていません。

④ 中世までの日本は、 平城と山城のどちらが多かったの？

A 山城のほうが、 圧倒的に多くありました。

戦国時代初期までは、武士は平地にある居住地で暮らし、戦いになると険阻な山にある山城に籠りました。そのため、このころまでは城と言えば山城のほうが圧倒的に多かったのです。

　一乗谷の朝倉氏館（福井県福井市）。背後の城山の頂に、戦時に籠るための一乗谷城が配され、通常は平地にあるこの館が朝倉氏当主の居館兼政庁でした。

Q　お城はいつから
　　豪華な造りになったの？

大手道から見上げた安土城（滋賀県近江八幡市）の天守跡。前方の山頂に豪華絢爛な「天主」がそびえていました。
（写真：エムオーフォトス　アフロ）

A 織田信長の安土城が、契機となりました。

織田信長は琵琶湖の畔に5重6階地下1階の高層楼閣「天主」を持つ安土城を建設し、防衛施設である城に象徴的意味を与え、「見せるための城」としました。このように、意匠を凝らした天守を持ち、幅広い水堀と城全体を覆う石垣で守られた城を、「近世城郭」と呼びます。

武器と戦術の進歩が、城に革新をもたらしました。

戦場で使われる武器は時代とともに変わります。
戦国時代になると、鉄砲などの火器が主役になってきました。
それに合わせて、城の建築様式や機能も大きく変化していきます。

Q 戦国時代が始まったころ、城はどんな姿をしていたの？

A 石垣も立派な城門もない「土の城」でした。

戦国時代初期の城は堀や土塁で守られ、質素な櫓（やぐら）や小屋が建つ程度でした。堅牢になっていくのは、鉄砲や大砲が普及していく戦国時代中期から安土桃山時代にかけてのことです。

近世の城郭

戦国時代初期の城郭

漆喰の壁に覆われた櫓。建物が塁の端いっぱいに建てられるため、曲輪の面積が広くなった。

本丸には豪華な天守がそびえる。

生活空間である御殿が城内に設けられている。

土塁造の城の場合、曲輪は狭くなるが、槍を使った戦いには適していた。

塁は土塁から石垣に変わった。

井楼矢倉。木材を井桁状に組み上げた見張台兼射撃拠点。

曲輪の外郭は土塁によって守られている。

このイラストは実在の城でなく、戦国時代初期の城（右）と近世城郭（左）とを比較したものです。

② 戦国初期までさかんに築かれた山城は、その後、なぜ廃れたの？

A 城に、軍事的役割だけでなく、政治的役割も求められるようになったからです。

戦国時代中期ごろから、平地の中の丘陵に築かれる平山城や、平地に築かれる平城が主流となり、山城は廃れていきます。広大な領地を治めるようになると、大規模な兵力を集結させたり、政庁としての役割が重視されたりするようになり、防御優先の山城では対応できなくなったからです。

岡城（大分県竹田市）三の丸の高石垣。典型的な山城で、標高325mの天神山に築かれました。築城されたのは源平合戦期の文治元年（1185）と古く、その後の戦国時代・江戸時代まで残りましたが、明治維新後の廃城令によって破却されました。高々と積まれた石垣が当時の名残を伝えます。

★COLUMN★ 「村の城」って、何だろう？

戦国時代、小領主は領主権力を維持するために、村人たちにさまざまな便宜を図り提供しました。用水の確保や喧嘩の仲裁だけでなく、万が一の避難場所の提供もそのひとつだったのです。戦に備え、避難場所として村人たちに城を開放することが本来の「村の城」の一形態と考えられています。

『七人の侍』は1954年に公開された、監督・黒澤明、主演・三船敏郎／志村喬の日本映画で、世界中の映画監督に影響を与えました。戦国時代、野武士の略奪から村を守るために村人と7人の侍が村を要塞化しつつ戦うというストーリーです。

Q たくさんあったお城が
　なくなってしまったのはなぜ？

肥前名護屋城址（佐賀県唐津市）。豊臣秀吉による朝鮮出兵の前線基地となり、戦後廃城となり、資材は唐津城などに運ばれ再利用されました。（写真：kattyan／PIXTA）

A 江戸時代の一国一城令、明治の廃城令、
そして太平洋戦争の空襲のためです。

　一国一城令は、諸大名に対し、居住あるいは政庁とする城郭をひとつの国にひとつだけ残してそれ以外のすべての城の破却を命じた法令です。これにより多くの城が失われ、新築も禁止とされました。明治時代になると、残った城が反乱の拠点となることを政府が警戒し、不要な城の破却を命じる廃城令が発布され、多くの城が破壊されました。そして、太平洋戦争、空襲により、名古屋城、岡山城、広島城などが焼失してしまいました。

日本各地に城が急増し、
そして減っていった江戸時代。

関ヶ原の戦いのあと、突如、築城ラッシュが日本各地で湧き上がりました。
ところが、その期間はわずか10年ほどでした。
江戸時代になると、今度は、縮小の嵐が吹き荒れることになります。

Q 江戸時代は、なんのために城があったの?

A 政治を執り行う政庁としての役割がありました。

戦争がなくなった江戸時代以降の城は、軍事拠点としての役割が次第になくなり、政治を執り行う政庁となっていきました。城内には藩の財政を司る勘定所が設置され、歳入・歳出の計画の立案や記録が行われます。また、藩の御用金や年貢米を保管する蔵が設けられ、これを守ることも城のおもな役割となりました。

早春の伊予松山城（愛媛県松山市）。羽柴秀吉に仕えた七本槍のひとり加藤嘉明が関ヶ原の戦い後に築いた城です。江戸時代を通じて伊予松山藩の政庁として活用され、松山の象徴として愛されています。

② 関ヶ原の戦いのあとも城は築かれたの?

A 戦いの直後に全国各地で次々と城が築かれました。

慶長5年 (1600) の関ヶ原の戦い以後、西国を中心に全国で多数の城郭が築かれます。徳川幕府も伏見城・二条城・江戸城・駿府城・名古屋城などを造営し、さらに姫路城・伊賀上野城・篠山城・彦根城などの築城を支援します。この築城ラッシュは、慶長年間の10年ほど続きました。これを「慶長の築城ラッシュ」と言います。

慶長の築城ラッシュで築かれた城

弘前城
久保田城
篠山城
丹波亀山城
姫路城
鳥取城
小浜城
福島城
仙台城
津山城
膳所城
山形城
岡山城
金沢城
米子城
高田城
松江城
福井城
佐倉城
岩国城
広島城
加納城
江戸城
小倉城
萩城
高知城
駿府城
福岡城
府内城
津城
唐津城
丸亀城
彦根城
佐賀城
和歌山城
名古屋城
熊本城
今治城
二条城
桑名城
伊予松山城
伏見城
伊賀上野城

● 徳川及び徳川家臣
● 親徳川大名
● 親豊臣大名
● そのほか

③ 築城ラッシュになったのはなぜ?

A 大名たちの疑心暗鬼が原因です。

関ヶ原の戦いの功によって、増封と新領地を得た豊臣恩顧の大名たちはこぞって居城の新築・大改修を実施しました。未だ大坂城には秀吉の遺児・秀頼が健在で、いつ第二次関ヶ原の戦いのような戦が起きても不思議ではない状況だったのです。関ヶ原の戦いのときの寝返りの多さは、諸将に疑心暗鬼を生み、国境警備の城が築かれ、自領を守備するために一国城塞化をめざしたのです。幕府もまた、大坂城を包囲するために、諸大名に命じて各地の拠点に城を築かせました。それを見た大名たちは、次なる大戦に備え、万全の居城を築こうとしたのです。それが「慶長の築城ラッシュ」を生んだ背景です。

彦根城 (滋賀県彦根市)。徳川家康の家臣のなかでももっとも信頼された四天王のひとり、井伊直政とその子の直継 (直勝) が家康の肝入りで築城しました。以来、江戸時代を通じて彦根城は井伊家の居城として存在感を示します。天守は彦根城天守として建てられたものではなく、大津城天守を移築したものと伝えられています。

Q 五稜郭が
　星型をしているのはなぜ?

五稜郭（北海道函館市）は幕末期に
西洋の技術を取り入れて建設された要
塞です。火砲の威力に対抗するために
高い城壁は持たず、稜堡がお互いを
補完する星型の構造をしています。
（写真：tn-photo　PIXTA）

A 大砲の時代が来たからです。

ヨーロッパで発達した城郭都市を
モデルにしたのが近代の城です。

大砲の時代が訪れた近代においても、日本の城は進化を続けます。
北海道函館市にある五稜郭はその代表的存在です。
また現在、多くの人々で賑わうお台場（東京都）も、
もとは大砲が設置された要塞でした。

お台場についてもっと教えて！

A 幕末に築かれたお台場は、
外国船を追い払うための要塞の一種でした。

江戸時代末期、次々と来航する外国船への対策として日本各地に台場が築かれました。台場とは、沿岸警備のために築かれた砲台のことです。現在、観光地として人気の東京都港区のお台場は、もともとこの地に江戸湾防備のための台場があったことからついた地名です。

品川沖台場に残る第三台場。江戸湾と呼ばれた当時の東京湾には、黒船来航に際して江戸城防衛のために7基の台場が築造されました。大正以降、埋立てが進むなかで次々に撤去され、現在は第三台場と第六台場のみが残っています。第六台場は無人島で立ち入りができませんが、第三台場は台場公園として開放され、大砲のレプリカが往時を忍ばせています。

② どうして五稜郭は あのような独特な形をしているの?

A ヨーロッパで発達した「城郭都市」をモデルに 設計されたからです。

箱館戦争の舞台となったことでも有名な五稜郭は、星型の独特な形で人気の城です。このような形の城は「星型要塞」とも呼ばれ、火砲に対応するため15世紀なかばにイタリアで考案されました。日本では、幕末に函館に入港していたフランス軍艦の軍人からの情報・教授をもとに「城郭都市」をモデルにして設計されました。設計者の武田斐三郎が、フランス軍人からの助言に独自の工夫も加えたのです。

パルマノーヴァ (イタリア)。16世紀末、水の都ヴェネツィアがオスマン帝国を仮想敵として建設した城塞都市です。星型の堀に囲まれ、9つの砲台が置かれていました。

③ 明治維新後に築かれた城ってあるの?

A 千葉県の松尾城がそうです。

明治元年 (1868) に、遠江国掛川藩主であった太田資美の領地移転で柴山藩 (松尾藩) が成立し、翌年、藩庁として松尾城の築城に着手しました。明治4年 (1871) に廃藩置県となり松尾藩は廃止され築城は中断。未完成のまま引き続き松尾県庁として使われましたが、同年松尾県も木更津県に合併されて消滅しています。

龍岡城址 (長野県佐久市)。松尾城は現在残されていませんが、同じく幕末の動乱期に築城されたものに龍岡城があります。この城は五稜郭とともに、日本に2つしかない星型要塞として知られています。廃城後は、現在に至るまで学校の用地として使われています。

武田信玄 と 躑躅ヶ崎館
たけ だ しんげん　　つつじ

　武田信玄の本拠である山梨県甲府市に築かれたのが、躑躅ヶ崎館です。居館と家臣団の屋敷、城下町が一体となっていました。信虎、信玄（晴信）、勝頼の3代60年あまり、武田氏の本拠となりました。

躑躅ヶ崎館の跡地に建立されたのが、信玄を祀る武田神社（山梨県甲府市）です。

上杉謙信 と 春日山城
うえすぎけんしん

　上杉謙信の居城だったのが、新潟県上越市にあった春日山城です。春日山の地形を利用して山全体を城塞化した山城で、難攻不落の城と評されました。別名を蜂が峰城ともいいます。

春日山城の本丸址（新潟県上越市）。

毛利元就と吉田郡山城

中国地方の雄・毛利元就の居城だったのが、広島県安芸高田市にあった吉田郡山城です。当初は砦ていどの小規模な城でしたが、元就が国人領主から戦国大名へとのし上がるにつれ、城の規模も大きくなっていったと考えられています。

吉田郡山城跡（広島県安芸高田市）には、毛利元就の墓所が残っています。

岩剣城址の麓にある岩剣神社。島津義弘・義久・歳久の初陣の舞台となりました。

島津義弘と岩剣城

岩剣城は大隅の国人・蒲生範清の支城で、天文23年（1554）、島津貴久によって攻略されました。この合戦では、日本で初めて鉄砲が実戦で使われたとする説があります。

Q 現在まで残っている天守は、
全国にいくつあるの？

現存天守中最大の31mの高さを持つ姫路城（兵庫県姫路市）の大天守。明治政府の命で取り壊されることとなりましたが、放置された結果、陸軍の中村重遠大佐の働きかけにより、明治末期に大修理が行われ、その雄姿を現代に伝えることとなりました。（写真：asoboy999／PIXTA）

A 江戸時代以前から残る天守は
全国に12しかありません。

時代の荒波を乗り越え、現代にまで残された12の天守。

当時の姿のまま残されている天守は、
現在、日本には12しかありません。
そのうちの5つは国宝に指定されており、
残る7つも重要文化財に指定されています。

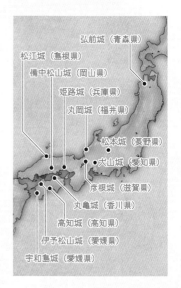

弘前城（青森県）
松江城（島根県）
備中松山城（岡山県）
姫路城（兵庫県）
丸岡城（福井県）
松本城（長野県）
犬山城（愛知県）
彦根城（滋賀県）
丸亀城（香川県）
高知城（高知県）
伊予松山城（愛媛県）
宇和島城（愛媛県）

Q 現存12天守はどこに残っているの？

A 青森県から高知県までの11県に残されています。

現存天守とは、現在ある日本の天守のうち、江戸時代ないしはそれ以前に築かれて現在まで残っているもののことです。全国に12あり、「現存12天守」とも呼ばれます。右の地図の12城が現存12天守です。

5つの国宝天守

松本城天守（長野県松本市）。慶長20年（1615）に完成した5重6階の天守。乾小天守、辰巳付櫓、月見櫓が付属します。

犬山城天守(愛知県犬山市)。慶長6年（1601）に建てられ、元和6年（1620）に3、4階が付設された3重4階地下2階の天守です。

② 国宝に指定されている天守を教えて！

A 松本城、犬山城、姫路城、彦根城、松江城の
5つの天守が国宝に指定されています。

松本城、犬山城、姫路城、彦根城の4つの天守は、以前から国宝に指定されており、「国宝四天守」、あるいは「国宝四城」と呼ばれていました。2015年に松江城の天守も国宝に指定されたため、現在は「国宝五天守」や「国宝五城」と呼ばれるようになっています。

---

③ 大阪城や広島城などにも、天守があるけれど……。

A これらは後世に造られた復元天守や模擬天守です。

復元天守は、かつて天守は存在したものの、それが失われてしまったため当時の図面をもとに再現されたものです。天守が存在したことは確かでも図面などがないため、他の城の天守を参考に造ったものを復興天守と言います。また、そもそも城には天守がなかったものの、見栄えのために新築したり、存在はしていたけれど、もとの場所とは違う場所に築いた場合は模擬天守と言います。

↑姫路城天守（兵庫県姫路市）。慶長6年（1601）に建てられた5重6階地下1階の天守です。乾小天守、西小天守、東小天守の3棟が付属し、渡櫓によって連結されています。

↗彦根城天守（滋賀県彦根市）。慶長10年（1606）に完成した3重3階地下1階の天守です。

→松江城天守（島根県松江市）。慶長16年（1611）に完成した4重5階の天守です。

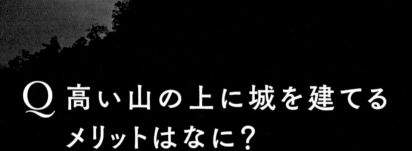

Q 高い山の上に城を建てる
メリットはなに？

備中松山城（岡山県高梁市）は、標高480mの臥牛山の4つの峰の頂部を利用して建てられた山城で、現存天守中最も小規模な天守がそびえています。
（写真：きゅーまる／PIXTA）

A 守りの堅さに加え、建築資材を
現地調達できることです。

城のもともとの姿は、山の上に建てられた山城でした。

日本におけると城とは、もともとは険しい山の上に建てるものでした。
麓の館で暮らしていた武将たちは、いざ敵が攻めてくると山城に立て籠ったのです。

山城は木々で覆われたなかにあったの？

A 山城が最初から木々に埋もれていたわけではありません。

現在残されている山城跡などは木々に埋もれているものも多いですが、現役の城として使用されていたときは、周囲の木々は伐採されていました。高地に城を築くのは、高いところから広い視野を確保するというメリットもあったため、当然見通しがよくなるよう、邪魔な木は取り除かれたのです。

山城の城主はいつも山の上で暮らしていたの？

A 麓に居館を構えて暮らしていました。

戦国時代初期までの領主は、山上に城郭を築き、その麓に下館（居館）を築くというスタイルが一般的でした。日常生活と政務はほとんど麓の館で行っていました。

復元された高根城（静岡県浜松市）の大手門。高根城は秋葉街道を見下ろす標高420mの山頂に建てられた山城です。

武田神社（山梨県甲府市）。武田信虎・信玄・勝頼の三代にわたり武田氏の居館となった躑躅ヶ崎館の跡地に建立された神社です。なお背後の積翠寺丸山には、詰めの城として要害山城が、さらに城下西方の湯ノ山には湯村山城が築城されました。

Q3 では、山城は なんのために建てられたの？

A 敵が攻めてきた際に 逃げ込むためです。

山城は、おもに敵が攻め込んできたときに逃げて立て籠れるよう築かれました。そのため麓の居館に対して、山城は「詰めの城」とも呼ばれます。山への築城がさかんになったのは、鎌倉時代末期に後醍醐天皇率いる反幕府勢力が、東国武士が得意とする騎馬戦を封じるよう山に立て籠ったことからと考えられています。南北朝時代に南朝側として戦ったことで有名な楠木正成が築いた千早城（大阪府）などが代表的なものです。

一乗谷遺跡（福井県福井市）。戦国時代に越前国を治めた朝倉氏の居館で、一乗谷城という山城と、その山麓の城下町とで構成されます。

Q4 山城にはどんな防御設備があったの？

A 急峻な地形そのものが防御設備でした。

小規模な山城は、山の頂上に簡単な建物を築き、食糧や武具を保管するという程度の役割しかありませんでした。しかし戦国時代になると、大規模な山城も築城されるようになり、そのような山城には本丸や二の丸などの曲輪も造られ、居住用の施設も備えられました。見晴らしの確保や攻撃を有利にするために樹木を伐採し、地形を利用した堀（82ページ）や堀切（83ページ）を設け、土塁（76ページ）上に簡単な柵を設けていました。これにより長期の籠城にも耐えられるようになります。さらに大規模な山城では、周辺の山々に支城を設け、山全体を要塞化しました。

波賀城の二重櫓（兵庫県宍粟市）。標高457mの城山に築かれた典型的な山城です。

Q 低い山や平地に城を建てたら、
防御力は下がってしまうの？

空から見た彦根城（滋賀県彦根市）。丘の上に城の中核を置き、麓には広い武家地が広がっています。麓の城門から天守のある本丸にかけて常に敵兵より高い位置から攻撃を集中できるように建造物が設けられています。
（写真：東阪航空サービス／アフロ）

A 多くの兵を収容できるため、守りは逆に堅くなります。

加えて、山城にくらべ地形効果の部分では劣りますが、見通しがよく高い場所から優位に攻撃できるといった山城と同じ防御機能をもっています。

戦国時代末期、城の主流は、平山城や平城に移り変わりました。

平時は麓の居館、戦時は山の詰の城という拠点の使い分けが、
鎌倉時代以降、次第に変化していきました。
平山城や平城が増えていったのです。
それに伴い、平山城独自の様式や守備戦術なども発展していきます。

「これぞ平山城！」っていう城を教えて！

A 彦根城や金沢城などがあります。

彦根城は、現在の滋賀県彦根市金亀町にある彦根山に、鎮西を担う井伊氏の拠点として築かれました。石川県の金沢城は、金沢平野のほぼ中央を流れる犀川と浅野川とに挟まれた小立野台地の先端に築かれました。

彦根城（滋賀県彦根市）の太鼓門櫓。天守がある本丸へ到達するまで、
攻め手は次々に高所から攻撃を受ける羽目になります。

② 平山城では城主はどこに暮らしていたの？

A 曲輪内（くるわ）に設けられた御殿です。

平山城では城と居住空間が一体化し、城内の御殿に城主が暮らすようになりました。御殿は山上に設けられるケースや、山麓に設けられるケースもありました。

掛川城（静岡県掛川市）の二の丸御殿から山上の天守を望む。

③ 平城は、山城となにが違うの？

A 中世武士の館が起源となっていることです。

山城と異なり平城は、鎌倉時代初期から南北朝時代にかけての平地を土塁と堀で囲った武士の住まいである方形館（ほうけいやかた）や、後の室町・戦国時代にかけての守護が支配地の行政を執り行った守護所が起源となりました。

④ 平城は、どうやって守るの？

A 広大な堀に囲まれた広い敷地に大軍を集め、さまざまな方向に反撃をします。

無防備なように見える平城ですが、ある面では山城より攻撃的と言えます。なぜなら平城は、大軍を動かしやすく大勢の兵を引きつけて攻撃することができるからです。また複数の場所に設けられた出入口を利用して、敵の側面や背後を突くこともできました。

田中城（静岡県藤枝市）。天文6年（1537）、駿河を治めていた今川氏によって築かれた戦国時代の平城を起源とします。当時、周囲は湿地に囲まれていました。その後、天正10年（1582）には徳川勢によって攻略され、江戸時代を通じて藩庁として使われました。

Q 海に面して建つ城には
　どんな役割があったの？

A 海上交通を監視し、
戦時には軍港になりました。

こうした城はほかの平城や平山城と区別してとくに「海城」と呼ばれます。

四方を海に囲まれた日本では、水の城も発達しました。

日本は四方を海に囲まれ、また川や湖など水の豊かな国です。
そのため、「海城」や「水城」などと呼ばれる水辺の城が独自に発展していきます。
また、海賊が海上交通の通行料を取り立てるために築かれた城もありました。

 ## 海城にはどんな特徴があるの?

A 海に面し、堀には海水を用いています。

海城の定義は、海に面している場所に築かれ、海を堀としたり、堀に海水を用いたり、そこに船の係留地を設けた城のことです。中には、海に面して開口する門があった城もあります。たとえば五角形の形をした宇和島城(愛媛県)の場合、西側の二辺は海を天然の防御線とし、東側の三辺には海水を引き込んだ水堀を設けていました。また船が出入りできる城門を備え、さらに城の周囲に舟小屋や船の係留地(水軍基地)も設けていました。

海賊の城には、どんな役割があったの?

A 海上交通の監視や案内をし、
通行料や警護代を徴収しました。

瀬戸内海の海賊、いわゆる「水軍」は、海路を通行する船から警固料(通行料、警護代)を徴収するため、海上監視の拠点(水軍城)を築いていました。これらの拠点は芸予諸島や安芸灘に面する陸地や島々に多数設置され、海路を見渡せる小高い丘などに建てられた見張り台と、その近くの入り江などに設けられた船の係留地(水軍基地)などで構成されていました。

村上三氏のひとつ能島村上氏の能島城が築かれていた能島(愛媛県今治市)。水軍のなかでは、瀬戸内海のとくに芸予諸島を拠点とした村上水軍が有名です。村上水軍は大きく能島、因島、来島の3つの島をそれぞれ拠点とする三家に分かれていました。

③Q 水辺の城のなかには、「浮城(うきじろ)」と呼ばれる城が多いのはなぜ?

A 水に浮かんでいるように見えるからです。

三原城などは、城の立地によって水に浮かんでいるように見えることから、浮城の別名があります。また、近世城郭の海城として最初で最大の城と言われる高松城(香川県高松市)は、「讃州さぬきは高松さまの城が見えます波の上」と謡われました。

三原城本丸天守台(広島県三原市)。天守はもっとも陸地側の北に配置されていましたが、東・西・南側には二の丸があり、南側は海に面していました。そのため満潮時には海に浮かぶように見えたのです。

★COLUMN★
海城にも、「日本三大」があった!?

日本三大名城と言うと、一般に江戸城・名古屋城・大坂城が挙げられています。また、荻生徂徠の『鈐録外書』では、城造りの名手と言われた加藤清正と藤堂高虎が普請した城のうち、特に機能美に優れた名古屋城・大坂城・熊本城が選定されています。

一方、海城でも三名城が指定されています。それは香川県高松市の高松城、愛媛県今治市の今治城、大分県中津市の中津城の3つ。高松城と今治城は四国の瀬戸内海側にあり、中津城も瀬戸内海に面しています。

中津城の模擬天守(大分県中津市)。黒田孝高(官兵衛)が、中津川が周防灘に流れる河口に築城しました。城全体が直角三角形の形をしているところから、扇城とも呼ばれていました。

Q 「本丸」や「二の丸」といった
　名称はどうやって決まるの？

空から見た大阪城。天守がそびえる本丸を中心に、いくつかの曲輪が取り巻いている様子がわかります。
（写真：月岡陽一／アフロ）

Ａ 城の中枢を「本丸」とし、
本丸に近い順に「二の丸」、
「三の丸」と連結します。

城のひとつひとつの区画を、「曲輪」と呼んでいます。

城は、本丸、二の丸、三の丸など、
役割の異なる区画が互いを補うようにして成り立っています。
それらの曲輪をどう配置するかによって城の防御力が大きく変わるため、
城を築く人は曲輪の配置に知恵をしぼりました。

Q 曲輪の並べ方は、どの城も同じなの?

A 連結式や梯郭式などいくつかのパターンがあります。

曲輪は、天守や政庁が置かれる本丸を中心として、本丸に近い曲輪から、二の丸、三の丸と配置されます。その配置にはいくつかのパターンがありました。輪郭式は本丸を囲む二の丸、二の丸を囲む三の丸…と配置されます。四方への防御力が均等になりますが、城郭の規模を大きくせざるを得ないため、平城に多く見られます。連郭式は本丸と二の丸を並列に配置したもので、奥行は深くなりますが本丸の脇や背後が露出してしまい守りが手薄になることがあります。梯郭式は、本丸と二の丸がそれぞれ二方ないし三方でつながったものです。

曲輪の配置パターン

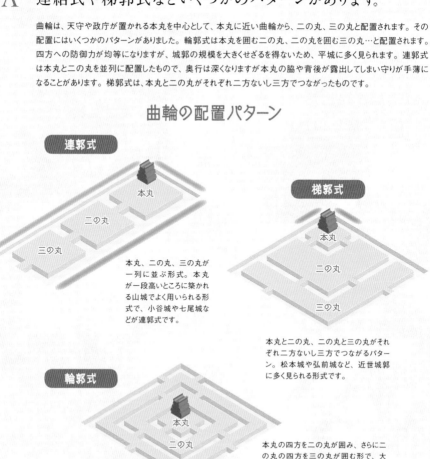

連郭式

本丸

二の丸

三の丸

本丸、二の丸、三の丸が一列に並ぶ形式。本丸が一段高いところに築かれる山城でよく用いられる形式で、小谷城や七尾城などが連郭式です。

梯郭式

本丸

二の丸

三の丸

本丸と二の丸、二の丸と三の丸がそれぞれ二方ないし三方でつながるパターン。松本城や弘前城など、近世城郭に多く見られる形式です。

輪郭式

本丸

二の丸

三の丸

本丸の四方を二の丸が囲み、さらに二の丸の四方を三の丸が囲む形で、大規模な平城によく用いられました。大坂城や駿府城などが輪郭式です。

② 本丸、二の丸、三の丸、それぞれどんな使われ方をしたの?

A 本丸は城の中枢部、二の丸は本丸の補完、三の丸は主に家臣たちの屋敷が置かれました。

本丸は御殿のような居住域兼政務域を持つ城の中枢部で、戦時には最終防衛線となります。二の丸は本丸の足りない部分を補う曲輪で、本丸と同様に殿舎を建てる場合もあり、さらに城の中心的機能を持つ場合もあります。三の丸は二の丸の周囲に設けた曲輪で、家臣たちの屋敷が置かれる場合もありました。ほかに実用的な目的ではなく、遊興のために屋敷や庭園を造営した「山里曲輪」と呼ばれるものもあります。

小田原城二の丸隅櫓(神奈川県小田原市)。広大な城域を誇る小田原城は、江戸時代には本丸に将軍家専用の御殿があり、二の丸に小田原藩の藩庁が置かれていました。現在は二の丸の御殿は残っていませんが、同じ場所に小田原城歴史見聞館があります。

③ 「真田丸」って、どんな曲輪だったの?

A 城に付属する出丸だったと言われています。

出丸とは、城の守りが手薄な場所の補強や物見などの目的でつくられた、補完的な用途を持つ曲輪のこと。真田丸は、慶長19年(1614)の大坂・冬の陣において、豊臣方の真田信繁(幸村)が大坂城・平野口の南に構築した出丸です。半円形の曲輪で出口は後方と両脇にあり、三方に空堀と塀が配されていました。およそ5千人の真田勢が籠り、2万5千以上の徳川軍を一手に引き受けて大損害を与えたとされます。

Q 城の出入口のことを
「虎口」と呼ぶのはなぜ？

京都府乙訓郡山崎町にあった山崎城の虎口。坂の途中で道が左に折れており、左右から攻撃が集中するようになっています。（写真：三木光　アフロ）

A 危険な場所だからです。

狭い道・狭い口という意味で「小口」と書き、敵が最初に殺到する危険な場所であるため「虎口」と書くようになったと言われます。出入口というと城門と勘違いされがちですが、虎口は土塁や石塁、橋、堀、門など出入口周辺の防御設備

城の出入口周辺には、実戦的な工夫が施されています。

城をめぐる戦いの際、最初の激戦地となるのが城の出入口の周辺です。
連続する曲がり角、防御と反撃拠点の役割を同時に担う馬出など、
城の出入口の周辺には、いろいろな仕掛けが施されています。

Q 虎口のまわりに、
曲がり角が連続しているのはなぜ？

A 見通しを悪くして側面から攻撃するためです。

土塁や石垣を平行ではなく喰い違いに築くことによって、攻め手はS字、N字、Z字の進路を取らざるを得なくなります。これにより攻め手は侵入に時間がかかり、さらに側面からの射撃も受けやすくなります。このような虎口を「喰違虎口（くいちがいこぐち）」と言い、側面から攻撃する仕掛けを「横矢掛り」と呼びます。

鹿児島城（鶴丸城）大手門横の喰違虎口。門を潜ると石垣がジグザグに設けられ、直角に折れる道が連続しています（鹿児島県鹿児島市）。

② 虎口にはどんな仕掛けがあるの？

A 枡形や隠門などがあります。

枡形は、城内へ入る城門の前面に方形の空間を設け、さらにそこに門や櫓（やぐら）を構えた二重構造の虎口で、内部に侵入した攻撃側は、守備側からの攻撃を三方から浴びることとなります。隠門は、その名の通り隠れた場所に設置された城門で、侵入してきた敵の背後を襲うなど、敵の裏をかくための仕掛けです。

大阪城追手門（大阪府大阪市）。写真の中央に見えるのが枡形です。攻撃側は左側から城門に迫りますが、この枡形のところで多方向から守備側の攻撃にさらされます。

③ 城門の外側にある小さな空間はなに？

A 馬出です。攻撃と防御の両方で役立ちました。

馬出は、城門のすぐ外側（堀を渡ったところ）にある、土塁や石垣、堀で囲まれた小さな空間のことです。馬出があることで、城門はより防御力が増し、城内から出撃するための拠点にもなります。

箕輪城の丸馬出（群馬県高崎市）。馬出には、このように半円形をした丸馬出と、コの字型の角馬出がありました。

Q お城の正門ってどこ？

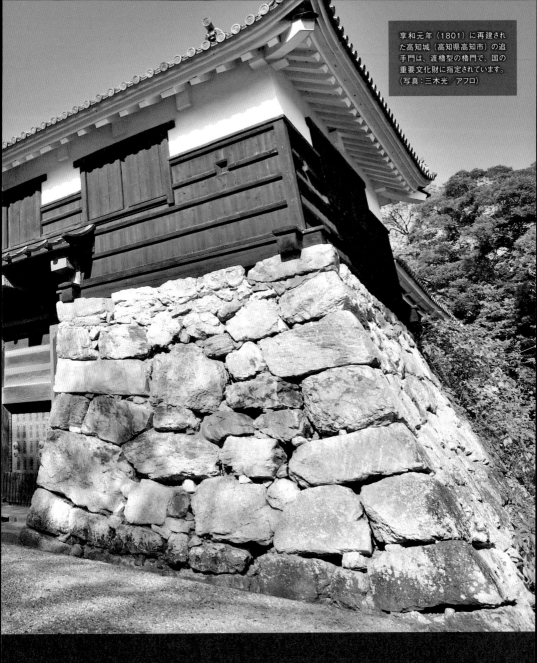

享和元年（1801）に再建された高知城（高知県高知市）の追手門は、渡櫓型の櫓門で、国の重要文化財に指定されています。（写真：三木光／アフロ）

A 大手門です。

大手門に対し、裏門を搦手（からめて）門と言い、その他の門には方角などの名称がつけられています。

城の玄関ともいうべき城門には、
正門以外にもいろいろあります。

城の正面にある正門ともいうべき大手門のほかにも、
搦手門（からめて）と呼ばれる裏門もあります。
敵を食い止める大手門は防御力が高く造られ、
脱出口である搦手門は目立たないように造られました。

① 大手門（正門）と搦手門の
いちばんの違いはなに？

A 大手門は大きく造られ、搦手門は小さく造られています。

大手門は防御のために厳重な築造がされ、大規模な櫓門を配置し、石塁などで囲んだ枡形をしていることがほとんどです。見た目も大きく、目立つように造られます。いっぽう搦手門は、有事の際に領主などが城外や外郭へ逃れる目的もあり、小型で狭く目立たない仕様であることも多く、少人数で警備できるように設計してありました。

② 城門の横の石垣に、
やけに大きな石があるのはなぜ？

A 城主の力や経済力を見せつけるためです。

城門の周辺の石垣には、驚くほど大きな石が積まれていることがあります。この石は「鏡石」と言い、城主の権力や財力を目に見える形で示す意味合いがありました。大阪城（大坂城）桜門枡形内にある蛸石や、上田城大手門横の真田石などが有名です。

上田城（長野県上田市）の真田石。真田丸で有名な真田信繁の父・昌幸がこの城を築く際、本丸へ通じる門の向かって右手に据えた鏡石のことを、とくに真田石と言います。高さ2.5m、幅3mもあり、威圧感があります。ちなみに大坂の陣の後、信繁の兄である信之が松代へ国替えとなった際、真田石を父の形見として持ち運ぼうとしましたが、人夫を数万人動員しても、びくともしなかったという伝説が残っています。

③ 最も格式の高い門はどんな門?

A 門の上に櫓が乗った櫓門です。

石垣で守られ天守がそびえる近世城郭において最も格式高い城門は、門の両脇を石垣で固め、その上に櫓を載せた櫓門です(石垣に乗らない総二階建ての櫓門もあります)。堂々たる風格の櫓門が大手門に使われていました。また、戦国時代の山城では、門全体を切妻造の屋根で覆った薬医門(やくいもん)が重んじられ、城の表門として使われていました。

弘前城の大手門(青森県弘前市)。二階門型の櫓門で、国の重要文化財に指定されています。

---

④ 城門にはどんな種類があるの?

A 櫓門のほかに高麗門や埋門などがあります。

高麗門は関ヶ原の戦いの後に登場したもので、屋根が小さく控柱にも個別に屋根があります。埋門は、石垣の間に造り、冠木の上に土塀を通した城門で、見栄えは良くありませんが、防御性能が高いのが特徴です。

二条城(京都市)の西門。埋門形式の門で、かつて手前に木橋が架けられていました。

埋門

高麗門

名古屋城(愛知県名古屋市)旧二の丸東二の門は、もともと二の丸鉄門の二の門でしたが、戦後本丸東二の門跡に移築されました。

Q 土塁だと石垣より
登りやすいのでは？

新潟県上越市の高田城。土塁上に
そびえるのは、天守の代用とされた復
興御三階櫓。高田城は周囲を流れ
る関川、青田川などを外堀として利用
し、塁壁に石垣を一切用いずすべて
の曲輪に土塁が採用された城です。
（写真：aki／PIXTA）

A むしろ登りにくいです。

完成当初の土塁は土が剥き出しの状態で滑りやすく手足をかける場所があり
ません。傾斜が45度を超えるとなにも使わずに登ることはできません。

城には欠かせない土塁にも、見どころがあります。

土を盛って造り上げる土塁は単純な防御施設ですが、
城には欠かせないものです。
造り方や構造なども、いろいろな種類があります。
土塁こそが、城という漢字の「土より成る」の語源でもあるのです。

土塁はどう使われたの？

A 防御と同時に、上から敵を攻撃しました。

平地に盛られる土塁は、堀（80ページ）を掘って出た土を利用して、堀とセットで造られます。これを掻揚土塁（かきあげどるい）と言います。土塁の高さは低くて約2m、高いと5mほどにも達し、鎧をまとった人間が簡単に登ることはできません。城方は、そうした土塁上から敵に反撃しました。また、土塁と似たような効果があるものとして、山の斜面を削って断崖を造った切岸（きりぎし）があります。土の城の斜面はほとんどが切岸になっています。

弘前城三ノ丸追手門（青森県弘前市）。門の手前（写真の左側）に、土で盛られた土塁が残っています。

② 土塁はどうやって造るの?

A 盛った土をひたすら叩いては新たに盛るという作業を繰り返します。

土塁の工法には叩き土塁と版築土塁(はんちくどるい)の2つがあります。叩き土塁は、土砂や粘土を叩き固めながら積み重ねて盛る方法で、大雑把に土を積んで叩き締めます。版築とは、版築版という木製の型枠を立てた内部で、土や石(礫)、粘土などと少量の石灰などの混合物を、数十ミリほどの層に突き固めて多層に積み上げる工法です。

嘉峪関(かよくかん／中国甘粛省)。中国の万里の長城のもっとも西に位置する嘉峪関の城壁の一部は、版築によって築かれています。びっしり入った水平の線と、ところどころにある垂直の溝がその証拠です。

---

③ 土塁にはどんな弱点があるの?

A 雨に弱いことです。

土塁は土を叩いて固めたものです。乾燥した状態であれば頑丈ですが、風雨に弱く、叩き締めた状態のままにしておくと土砂が流出して崩壊してしまうおそれがありました。こうした斜面崩壊を防ぐために、土留(どどめ)という構造物が施されています。

---

④ 石垣と土塁の併用もあったの?

A ふたつの併用法がありました。

石垣が上部、土塁が下部という構造の鉢巻石垣、逆に石垣が下部、土塁が上部の腰巻石垣の2つが知られています。

彦根城(滋賀県彦根市)の鉢巻腰巻石垣。土塁を挟んだ上部が鉢巻石垣で下部が腰巻石垣です。これらには石垣を築くコストの削減と工期の短縮というメリットがあります。

---

⑤ 土塁の頂上はどんな構造だったの?

A 塀や柵が築かれていました。

塀の内側は「武者走り」、塀の外側は「犬走り」と呼ばれます。武者走りは城方の通路として使われ、犬走りは敵の足場とならないよう、可能な限り幅を狭く造られました。犬しか走れない狭さからその名がつきました。

Q 堀はなんのためにあるの？

小田原城の西を固める箱根防衛の拠点として北条氏が築いた山中城（静岡県三島市）では、空堀の底が格子状となった堀障子を見ることができます。
（写真：Yoshitaka／PIXTA）

Ａ 攻め寄せる兵を足止めし、
　 頭上から攻撃を加えるためです。

水を張っていない堀であっても、乗り越えるのは困難です。

城の堀と言うと、水を張られたものを思い浮かべがちですが、
じつは水のない空堀のほうが基本でした。
堀の形にも、毛抜堀、箱堀、薬研堀などさまざまなものがあります。

Q1 堀の種類はどうやって見分けるの?

A 堀底の形で見分けます。

堀には堀の底部の形によって「箱堀」、「毛抜堀」、
「薬研堀」などに分類されます。箱堀は箱形（逆台
形）の断面で、底が平坦な堀です。堀底を少し丸く
したU字形の堀が毛抜きの先のような形になるので
毛抜堀と呼ばれます。薬研堀は底がV字形の尖っ
た断面で、薬研の窪みに形状が似ていることに由
来します。薬研堀は底部の通行が困難で、空堀に
使われることが多いです。

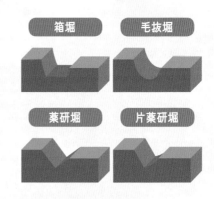

箱堀　　毛抜堀

薬研堀　　片薬研堀

Q2 堀に水を張らなくても大丈夫なの?

A 問題ありません。

名古屋城本丸（愛知県名
古屋市）の石垣と空堀。

お城の堀は、水が張られていない空堀の
ほうが防御力に優れています。戦国時
代以降、平地に建つ城と言えば水堀が
一般的ですが、中世から戦国時代まで
の城の堀はほとんどが空堀でした。狭い
堀底に落ちると、甲冑を着た兵は身動き
が取れなくなり、身を隠す場所がないなか
で矢玉の餌食となりました。平城でも、
重要な本丸を囲む堀を空堀としているの
が、名古屋城と大坂城です。ともに両側
が高い石垣で囲まれており、攻撃側は高
所から飛び降りるという不可能に直面し、
侵入を諦めざるを得ませんでした。

Q ③ 水堀の水深はどれくらいあるの？

A おおよそ2mです。

2mほどの水深だと浅いように感じるかもしれませんが、重い甲冑を着た兵が水堀を渡ることは容易ではなく、重さで沈んだり城側から狙い撃ちされたりしました。また、河川や海、湖など自然の地形を利用して造られた堀もあります。

Q ④ 堀切はどうやって活用されるの？

A 尾根伝いの通行を防ぐための施設です。

山城において、尾根筋を断ち切るように設けられた堀を堀切と言います。堀切は主に山城に用いられる防御のためのもので、空堀の一種です。平時は橋がかけられていますが、戦闘が始まるとその橋は落とされます。橋が落ちると、堀切を渡ることはほとんど不可能になるのです。

彦根城の大堀切（滋賀県彦根市）。彦根城の堀切のなかでも最大の堀切が左の天秤櫓と鐘の丸（写真右手の石垣の上）を隔てる大堀切です。この周辺で攻め手は、絶えず城側に身をさらしながら進行せざるをえず、鐘の丸に到達したところで橋を落とされると、渡ることができなくなります。

Q 日本でいちばん
高い石垣は、
どこのお城？

西北西より眺めた丸亀城（香川県丸亀市）の石垣と天守。高石垣が幾重にも入り組み、防御力の高さをうかがわせます。石垣の上に乗る天守は三重三階で日本一小さい天守と言われます。
（写真：エムオーフォトス／アフロ）

A 丸亀城や大坂城です。

香川県の丸亀城では、内堀から山頂の本丸まで4段の石垣が重なり、合計すると高さは60m以上。日本一の総高を誇ります。また、単体の石垣では大阪城本丸東面の高石垣が最も高く高さは約32.0mに達します。

登れそうだけど登れないのは、「武者返し」があるからです。

ときに30m以上もの高さを誇る石垣は、
攻める側にとっては極めて攻略の難しい難物でした。
ただし、それほど強固な石垣を築き上げるためには、
石の切り出し方から積み上げ方まで、高度な技術が必要になります。

Q 城の石垣のラインが、
折れ曲がっているのはなぜ？

A 絶えず側面からの攻撃を仕掛けるためです。

石垣以外にも、城内の道は何度も曲がり、守備側が石垣を登ってくる敵を横合いから攻撃できる「横矢掛かり」
の構造になっています。また、折れ曲げることで、石垣を強固な構造にすることもできました。

大阪城六番櫓と南外堀の石垣（大阪府大阪市）。石垣が屏風状に「折れ」を形成している様子がわかります。

② 石垣に使う石は加工されているの？

A あまり加工されないものから、四角く切られたものまであります。

石垣は、その加工程度によって、野面積（のづらづみ）・打込接（うちこみはぎ）・切込接（きりこみはぎ）の3つに分けられます。

野面積は自然石をそのまま積み上げる方法で、石の形に統一性がなく、石同士がかみ合っていません。そのため、すきまや出っ張りができやすく、敵に登られやすいという欠点がありました。そこで、表面に出る石の角や面を叩いて平たくし、石同士の接合面にすきまを減らす打込接という積み方が、とくに関ヶ原の戦い以後、盛んに用いられるようになりました。切込接は、方形などに整形した石材を密着させて積み上げる方法で、江戸時代初期以降に多用されるようになりました。

野面積によって積まれた浜松城（静岡県浜松市）の石垣。浜松城は、関ヶ原の戦い以降は徳川家譜代大名の居城となりました。

---

③ 形がバラバラな石をどうやって積むの？

A 布積みと乱積みの2つの積み方があります。

布積みは、方形に整形した比較的大きな石を目が横に通るように積み上げる方法で、整層積みとも言います。乱積みは、大きさの異なる自然石の平石や加工した平石をさまざまな方向に組み合わせて積み上げる方法で、乱層積みとも言います。

江戸城（東京都千代田区）桜田門の布積みの石垣。切込接、つまり石を四角い形に整形したのちに、布積みで積んでいるので、整然としている印象を与えます。

---

④ 石垣は足をかければ登れそうだけれど、大丈夫なの？

A 下部は緩勾配ですが、上部に行くと垂直に近くなっていて、登ることはできません。

こうした仕掛けを「武者返し」と呼びます。熊本城のものが有名で、西南戦争で政府軍が薩摩軍の包囲戦をしのぐことができた要因の1つとなりました。

熊本城（熊本県熊本市）二様の石垣。隅部の返り（勾配）や積み方が異なる姿を同時に見られることから「二様の石垣」と呼ばれる熊本城の名所です。傾斜が緩やかな下部から上に行くにつれて反り返りが激しくオーバーハングし、頂部ではほとんど垂直になっています。

Q 城を攻める側が橋を渡るとき、
　気をつけることは？

83ページでも紹介した彦根城（滋賀県彦根市）の大堀切に架かる橋。橋を渡る際には、正面の天秤櫓からの攻撃が集中する構造になっています。（写真：坂本照／アフロ）

A 城側からの攻撃が
集中することです。

堀を越えて城門にいたる橋は、攻める側にも守る側にも重要です。

敵が攻めてくるときも城兵が反撃に出るときも、橋が使われます。
そのため橋は、材質から構造まで非常に気を遣って造られています。

Q 城に架かる橋にはどんな仕掛けがあるの?

A 斜めに架かっていたり、ジグザグに架かっていたりします。

城に架かる橋が、普通に架けられるのではなく複雑な構造になっていることが多いのは、攻撃側の側面を城の側に向けさせて矢玉での攻撃をしやすくしたり、渡る時間を長くさせたりするための工夫です。

高松城（香川県高松市）の旭門と対岸をつなぐ旭橋。
斜めに架けることで敵兵に側面を城側にさらさせる工夫が施されています。

2 橋は
どのように造られるの?

A 堀といっしょに造られる土橋と、
後から木材で造る木橋の
2つがあります。

城の橋は、堀を掘るときに一部を残して通路とする土橋と、木材を組んで架けられた木橋に大別されます。木橋は「掛（懸）橋」とも呼ばれることがあります。

3 ほとんどの城に
土橋と木橋の両方が
あるのはなぜ?

A それぞれのメリットとデメリットを
使い分けているからです。

木橋にした場合、壊れたり焼き落とされたりすると戦時に使えず、逃げ道がなくなってしまうおそれがありますが、敵を侵入させないように橋を落として遮断することも可能です。そのため木橋は、裏口である搦手など、いざというときに防御に徹して完全に遮断する虎口に使われる傾向があるようです。いっぽうの土橋は敵に壊される心配がありませんが、敵が攻めてきたときに壊すこともできません。そのため城から大勢の兵を出せる大手門などの虎口に架けられていたのでしょう。

滝山城（東京都八王子市）の復元曳き橋。木橋は木でできているため耐久年数が短く、往時のままのものは残っていません。そのため滝山城のものも含め、城の木橋はすべて復元されたものです。

4 橋にはほかに
どんな仕掛けがあるの?

A 内部を見えなくしたり、
動かせるようにしたりしたものもあります。

木橋に塀や壁、また屋根を設けて内部を見えなくした橋のことを廊下橋と言います。戦時には攻撃されるのを防ぐのに有効です。多くは城主専用で、殿様が移動する姿を見せないための工夫とみられています。ほかにも、橋の一部を外し、その下に車輪を付けて城内に橋を引き取ったとみられる引橋（車橋）、滑車などを使って橋を引き上げる跳ね橋というものもありました。江戸城本丸の搦手である北桔橋門は、その名の通り、跳ね橋だったとみられています。

韮山城（静岡県伊豆の国市）天ヶ岳砦の土橋。山城の土橋は人が通れる程度の幅で造られています。

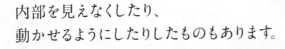

Q 城の壁にたくさん空いている
三角や丸の穴はなに？

姫路城（兵庫県姫路市）はの門下の塀に並ぶ四角や三角などさまざまな形の穴。穴を覗くと、塀の下を移動する敵兵に弓や鉄砲で狙いを定めることができます。（写真：西垣良次／アフロ）

Ａ 侵入してくる敵に狙いを
定めるための射撃用の穴です。

城の壁に空いている穴にも、
ちゃんと役割がありました。

城の壁には、丸、三角、四角など、
形も違えば大きさも違う穴がたくさん空いています。
それぞれの形状や大きさには、深い意味があるのです。

Q 壁の穴の形にどんな意味があるの?

A 使う武器によって変わってきます。

城の塀などに空けてある防御用の穴や窓のことを、「狭間(さま)」と言います。長方形の狭間は弓矢用で、「矢狭間」という言い方もあります。その他の形は、鉄砲用の「鉄砲狭間」です。

備中松山城(岡山県高梁市)の現存土塀に空いた狭間。長方形のものと丸いものとが並んでいます。

★COLUMN★

狭間には見えない「隠し狭間」

隠し狭間は、普段は漆喰によって窓が塞がれていて、一見すると外からは壁にしか見えません。しかし敵が攻めてきた際は、漆喰を内側から突き破って建物内から攻撃することができるのです。姫路城や彦根城の城壁に設置されたものが有名です。

金沢城(石川県金沢市)の隠し狭間を城の内側から見たものがこれ。外側からは狭間は確認できず、ふつうの壁のように見えます。

② 石落しから、どう石を落としたの？

A 実際は、鉄砲や弓矢で下にいる敵を狙うものでした。

石落しは、天守や櫓（やぐら）、櫓門の壁面、塀などに張り出すかたちで空間をせり出させ、床になる部分を20cmほど開口して付設されたものです。普段はフタをして、使用時にフタを取り除いて開けることができます。狭間が前方向にいる敵を射撃目標にしているのに対し、石落しは建物・城壁・石垣などの真下方向にいる敵を標的にしているわけです。石を落とすほか、煮え湯や汚物などを落として敵を迎撃する設備であったと江戸時代の軍学書には書かれていますが、その間口の狭さから、おもに鉄砲、弓矢、槍で迎撃するものでした。

伊予松山城本丸〔愛媛県松山市〕の石落し。窓からの射撃の死角をついて石垣を登ってくる攻め手の兵を、この部分から鉄砲などで攻撃しました。

③ 漆喰の壁だと 銃弾が貫通してしまうのでは？

A 頭の高さまで分厚く補強されていました。

壁のなかには、銃弾を防ぐために、頭の高さまで土壁と土壁の間に小石や瓦屑を詰め込んだものもあります。こうした壁を「太鼓壁」と呼びます。

仙台城大手門脇櫓（宮城県仙台市）。

伊達政宗と仙台城

独眼竜の異名で知られる伊達政宗の居城が、宮城県仙台市の青葉山にあった仙台城です。青葉城や五条楼の別名もあります。政宗が築城してから明治維新まで仙台藩伊達氏代々の居城でした。

坂本城跡公園（滋賀県大津市）から望む琵琶湖と近江富士（三上山）。

明智光秀と坂本城

本能寺の変を起こした明智光秀が築いたのが、滋賀県大津市にあった坂本城です。西に比叡山を控え東は琵琶湖に面しているため、天然の要害を備えていました。また同地は中世、近世において交通の要衝として繁栄しました。

松永久秀と信貴山城

信貴山城の本丸跡地。

信貴山城址

　乱世の梟雄・松永久秀が大和国支配の拠点としたのが、奈良県生駒郡平群町にあった信貴山城です。信貴山は大和と河内を結ぶ要衝の地で、何度も攻防の舞台となりました。

黒田孝高と中津城
（くろ だ よしたか）

中津城（大分県中津市）の模擬天守と復興櫓。

　築城の名手として知られた黒田官兵衛（孝高）が築いたのが、大分県中津市にあった中津城です。堀に海水が引き込まれているため水城とされることもあります。

Q 櫓<ruby>櫓<rt>やぐら</rt></ruby>は天守と
　どう役割が違うの？

高さ約14.5mの石垣の上に、約15.5mの櫓がそびえる江戸城（東京都千代田区）の富士見櫓。明暦3年（1657）に発生した明暦の大火での天守焼失後、天守の役割を担うようになりました。
（写真：DREAMNIKON　PIXTA）

A じつは
ほとんど変わりません。

主に戦時の指揮所や武器庫として使われ、天守を持たない城では、三重櫓を
天守の代用として使っていた例もあります。

なにを置いていたかは、
櫓の名前からわかります。

武器を保管し、上から矢を浴びせかけるほかにも、
道具や食糧、財産などを保管する場所として
櫓は多用途に使われていました。
その用途によって櫓の名称も変わってきます。

Q 櫓にはほかにどんな役割があるの？

A 物置です。

なにが置かれていたかは、その櫓の名前でわかります。鉄砲櫓や弓櫓は武器の保管庫、干飯櫓や塩櫓は食糧庫、紙櫓や大納戸櫓は道具の収蔵庫です。

今治城の天守と御金櫓（愛媛県今治市）。築城家として有名な戦国大名の藤堂高虎が築いた今治城は、明治維新以降にほとんどの建物が破却されました。その後、残されていた古い絵と写真をもとに、昭和期に御金櫓が再建されました。

② いろいろなお城に、「伏見櫓」があるのはなぜ？

A 伏見城を解体する際に移築されたためです。

豊臣秀吉の伏見城は、関ヶ原の戦いの際に一部が焼け落ち、これを徳川家康が再建したのですが、元和9年（1623）に廃城となりました。その際、遺構が譜代大名の城に移築され、ステータスとなったのです。現在、江戸城のほかに福山城（広島県福山市）にも伏見櫓が現存しています。

江戸城（皇居）の伏見櫓（東京都千代田区）。江戸城の西の丸にある伏見櫓は、寛永5年（1628）、3代将軍家光のときに行なわれた修築の際に、伏見城から移築されたと伝わります。別名を月見櫓と言い、城外からも二重橋越しに眺めることができます。

③ 城の建物はよくリサイクルされていたの？

A されていました。彦根城の天守もリサイクルです。

ひとつの城を解体する際、その建造物の移築は盛んに行なわれていました。彦根城天守は大津城天守の移築で、大津城の天守も元は豊臣秀次の八幡城天守からの移築でした。名護屋城の場合、大手門は仙台城へ移築され、そのほかの建物のほとんどは唐津城に転用されたと言います。また、伏見城自体も破却された聚楽第や淀城から建物を移築して築かれた城でした。

唐津城（佐賀県唐津市）の模擬天守。慶長13年（1608）に完成した唐津城は、秀吉の死後に廃城となっていた名護屋城の遺材を使って築かれました。築城に際しては九州の大名たちの協力を仰ぎ、そうした大名が治めた地名をとって柳川堀や薩摩堀のように堀の名前がつけられています。

彦根城（滋賀県彦根市）の佐和口多門櫓。重要文化財となっている佐和口多門櫓は、佐和口に向かって左翼に伸びています。右は、昭和35年に開国百年を記念して復元されたコンクリート造りの建物です。（写真：ogurisu_Q / PIXTA）

Q お城の長い塁線は
どうやって守ったの？

A 城壁上に長屋のような櫓を設けました。

これを「多門（聞）櫓」と呼びます。多門櫓は隅櫓と隅櫓を長屋のような建物でつなぐ形で設置され、本丸など重要な曲輪を守る役割を果たしていました。本来多門とは長屋のことで、足軽たちが住んだ共同住宅を意味していました。居住空間としてだけでなく、平時にはほかの櫓と同じように倉庫として使われました。そのため、城内側は開放的な作りとなっていました。

特徴的な外観を生み出す、
城壁上に連なる櫓がある。

長いものだと総延長1km以上もあったと言われる
多門（聞）櫓の多くは、現在ほとんど残っていません。
ですが、姫路城などには一部残されており、城の外観の魅力のひとつとなっています。

なんで多門櫓っていうの？

A 多聞山城に築かれたのが最初だからと言われています。

戦国大名の松永久秀が奈良県の多聞山城に築いたのが最初とも言われており、この名がつきました。また、毘沙門天（多聞天）を祀っていたからという説もあります。

姫路城の天守と多門櫓（兵庫県姫路市）。
天守の下から右下にかけて、長大な多聞櫓
が石垣の上に築かれています。

② 多門櫓の総延長はどれくらいあるの？

A 長いものだと
1kmを越えます。

江戸時代の大坂城の多門櫓は総延長が1719m、名古屋城の多門櫓も1241mありましたが、その多くは現在残されていません。ただ、姫路城西の丸には多門櫓が当時のままの167mにわたって残されています。

多聞山城を築いた松永久秀の画像（月岡芳年）。戦国時代、将軍家である足利家を実質的に支配していた三好長慶に引き立てられ頭角を現わし、梟雄（きょうゆう）として知られていますが、同時に城郭建築の第一人者でもありました。

③ 多門櫓についてもっと教えて！

A 二重の屋根を持つ櫓もあります。

金沢城には三十間長屋と呼ばれる、現存唯一の2重2階の二重多門櫓があります。ちなみに、金沢城や熊本城では多門櫓を「長屋」と呼んでいました。

金沢城に復元された五十間長屋（石川県金沢市）。金沢城の菱櫓と橋詰門続櫓を結ぶ二重の多門櫓のことを五十間櫓といい、武器庫として使用されていました。もちろん戦時には城壁としての役割も担いました。

白亜の城・姫路城（兵庫県姫路市）。防火対策のための漆喰塗りで仕上げられた塗籠の概観から、「白鷺城」と呼ばれてきました。（写真：Hick／PIXTA）

Q 黒い天守と白い天守が あるのはどうして？

烏城の異名の由来となった松本城天守（長野県松本市）。下見板張は耐久性が高く、塗籠の城が20年ほどで塗り替えが必要となるのに対し、50年ほどの耐久性をがあります。
（写真：alligatorfarm／PIXTA）

A 見た目と頑丈さどちらを取るか
葛藤の結果です。

城のシンボルである天守にも、さまざまなタイプがあります。

城を象徴する天守は、その城の印象を決定づけます。
ですが、実際にはほとんど実用性はなく、
城主の威信を周囲に知らしめるためのものでした。

① 城主はいつも天守で寝起きしていたの？

A いいえ。むしろ、ほとんど使用していませんでした。

天守で暮らしたのは織田信長くらいです。家康の建てた名古屋城の天守には、天井すら張られていません。とくに江戸時代以降は、ほとんどの場合、城主は本丸や二の丸、三の丸などに建てられた御殿で寝起きし、天守はおもに物置として利用されていました。

② 天守はどのような役割を果たしたの？

A 戦時には指揮所、
平時には支配の象徴的存在となりました。

天守は、高層建築であるため、戦いの際には指揮所となり、最後に立て籠もる砦となります。しかし、戦国時代が終わると、天守は権威の象徴となり、江戸時代には支配の象徴となりました。織田信長は帰国する宣教師を送るため、天正9年（1581）の盂蘭盆会（うらぼんえ）の夜、安土城および安土山全体をライトアップしたと記録されています。

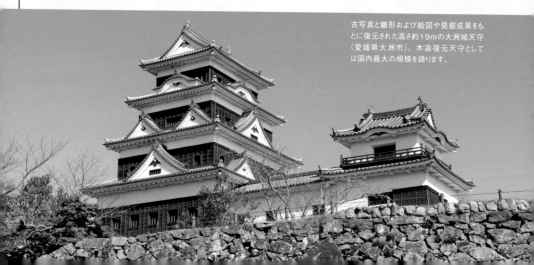

古写真と雛形および絵図や発掘成果をもとに復元された高さ約19mの大洲城天守（愛媛県大洲市）。木造復元天守としては国内最大の規模を誇ります。

③ 天守にはどんな種類があるの？

A 望楼型と層塔型があります。

望楼型は初期の天守によく見られた形で、1階もしくは2階建ての建物の上に物見の建物（望楼）を載せたもの。層塔型よりも豪華な見た目になります。いっぽうの層塔型は築城名人の藤堂高虎が考案したものとされ、関ヶ原の戦い後に登場しました。層塔型の天守は工期が短縮できる上に建築コストが抑えられるため、慶長の築城ラッシュのときに全国的に広まりました。石垣の建造技術が未熟の間は、正確な正方形の天守台を築くことができず、1階部分の上に正方形の2階を乗せる望楼型しか築造できませんでしたが、石垣の技術が発達し正確な正方形平面の石垣を築くことができるようになったことで層塔型を築くことができるようになりました。

望楼型の岡山城天守（岡山県岡山市）と層塔型の宇和島城天守（愛媛県宇和島市）。望楼型が1階建ての入母屋造の屋根の上に望楼が乗る形を取るのに対し、層塔型は1階から最上階まで同じ型の層が屋根を規則的に小さくしながら積み重ねられる形を取ります。

④ 天守の構成の違いを教えて！

A 独立式、複合式、連結式、連立式の4種類があります。

独立式	複合式	連結式	連立式
付属建物がなく天守のみが単独で建つ形式。	天守に付櫓や小天守と呼ばれる付属建物が直接接続する形式。	付属建物を直接接続させずに渡櫓で間接的に連結させる形式。	大天守と2基以上の付属建物を環状に渡櫓で繋いだ形式。

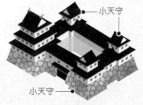

天守

付櫓

渡櫓

小天守

小天守

Q 天守の屋根の飾りには、
　どんな意味があるの？

A 他の建物より立派に見せたり、
武者を隠したりしました。

天守の屋根に施された三角状の装飾を破風と呼び、破風を施すことによって、城
は、いままでの日本建築にはない新鮮で感動的な姿になりました。また、内部の屋
根裏のスペースを「破風の間」と呼び、鉄砲狭間を切って、最前線の陣地として利
用されていました。

天守を飾るさまざまな装飾には、ひとつひとつ意味があります。

天守の屋根には、想像上の動物や装飾用のバルコニーなどがあります。
それらにはそれぞれ意味がありました。
また城主の権威を示すために金の瓦が使われることもありました。

Q 天守の屋根に鯱（しゃち）がいるのはなぜ？

A 防火のまじないのためです。

鯱は、頭がトラで体は鋭いとげを持つ魚という想像上の生き物です。建物が火災に見舞われた際には水を噴き出して火を消すという言い伝えから、防火の効果があるとされました。また、天守の屋根に一対で置かれるのは、鯱が基本的に雌雄一対をなしていると考えられたためです。織田信長が安土城天主の装飾に取り入れたことで普及したという説があります。

大阪城の鯱（大阪府大阪市）。名古屋城の金鯱は有名ですが、大阪城の天守にも据えられています。

Q2 外に出ることのできない バルコニーがあるのはなぜ？

A ただの飾りです。

天守のバルコニーのような部分は「周縁（廻り縁）」と呼ばれ、天守の格式の高さを表わすものでしたが、雨に濡れるため耐久性に問題がありました。外側に向かって斜めに傾くように取り付け、雨水が屋根に落ちるよう設計するなどしましたが、やがて最上階の室内に取り込まれるなどして姿を消していきます。

犬山城の天守（愛知県犬山市）。現存天守のひとつである犬山城天守には、外に出られる周縁があります。

Q3 瓦葺きのお城はいつ頃生まれたの？

A 織田信長による 安土城が はじまりです。

戦国時代の山城では板葺きの屋根が主流でした。信長が寺院建築の瓦葺屋根に着目し、城にも瓦を使用したとされます。瓦には城主の家紋が入れられ、権力の象徴となりました。

和歌山城天守入口の屋根の瓦（和歌山県和歌山市）。

Q4 金箔を貼った瓦について教えて！

A 織田信長や豊臣秀吉が好んで使いました。

金箔瓦を初めて天守に使ったのも織田信長の安土城だと言われています。豊臣秀吉も大坂城で金箔瓦をふんだんに使用しています。そのほか、岡山城や伏見城などでも使われました。ただ、金箔瓦は屋根全体に葺かれていたわけではなく、屋根の先端である軒先を飾る軒丸瓦と軒平瓦のみに用いられるのが、一般的でした。鯱と鬼瓦などの飾り瓦だけに金箔が使用された上田城のような城もありました。

Q 大きな城に
　大きな庭園があるのはなぜ?

日本三大名園のひとつに数えられる岡山城（岡山県岡山市）の庭園・後楽園は、岡山藩2代藩主池田綱政によって築かれた、池の周囲を一周しながら庭園を観賞する「池泉回遊式」の大名庭園です。
（写真：KENJI GOSHIMA／アフロ）

A 一戦交えるためです。

城内にある庭園は、城主の遊興や家臣・大名たちとの交流のために使われていました。城の外の庭園には、遊興のためだけでなく、出丸のように防御を強固とする目的もありました。

城につきものの日本庭園は、
美しいだけではなく実用的でした。

観光などで城を訪れたときに、目を楽しませてくれる美しい日本庭園。
城に付属する日本庭園には目を楽しませるだけではない、隠された役割もありました。

Q 城の庭園には、
どんな植物が植えられているの?

A 松、杉、梅、栗、柿、胡桃などです。

松や杉は御殿内部を隠すために植えられました。梅は、鑑賞の対象となり、実は兵糧用として梅干しにもされました。栗、柿、胡桃などは、すべていざというときのための非常食として植えられました。また、多くの城で薬草木を栽培する薬園も設けられていました。

梅の花と白石城（宮城県白石市）。奥州を南北に貫く奥州街道と、西の米沢、東の相馬へ続く道にもほど近い要衝の地に築かれた平山城です。

② 食糧にならない松や竹が、植えられているのはなぜ？

A 燃料や武器の材料とするためです。

松竹梅として縁起の良い木であり、松は樹脂成分が多く、そのまま松明として使えました。また、松脂はさまざまな道具を作るときの接着剤にもなります。竹は、柵、竹束（盾）、矢の材料となりましたし、切るだけで、そのまま竹槍にもなりました。

高松城跡（香川県高松市）の内堀遊覧。生い茂る松から採取される松脂は、明かりや接着剤だけでなく、水軍が使用した爆弾である炮録（ほうろく）の材料になったり、弓弦を強化するために使われたりもしました。

③ 庭園には、ほかにどんなものが置かれていたの？

A 池泉や築山です。

池は海や川、石は島や山を表していました。日本庭園には多くの自然風景を再現した演出が見られます。これを「見立て」と言います。本来の役割とは別に、たいていの庭園にある池泉は、堀の役割を果たすと同時に、緊急時の貴重な水源ともなりました。自然の山に見立てた築山は、土塁の役割も担うことができます。

後楽園と同じく日本三大名園のひとつに数えられる石川県金沢市の兼六園。加賀藩主・前田家によって作庭された巨大庭園です。

Q 生活の場である御殿は、
なぜあんなにきらびやかなの?

復元された熊本城（熊本県熊本市）の本丸御殿。対面の間である本丸御殿「昭君の間」（復元）は、煌（きら）びやかに飾り立てられています。（写真：縄手英樹／アフロ）

A 応接の場だったからです。

時代劇などでよく見られる御殿は、ほとんど現存していません。

政務を行なう場所であり、領主とその家族が生活する場所でもあった御殿は、
時代劇などではよく見かけるものです。
しかし、いまも残されている御殿は数が少なく、
実物を見たことがある人は少ないかもしれません。

Q 御殿はどういう構成になっていたの？

A 表（表向）と奥（奥向）の2つに分かれていました。

表は、表御殿（城主と家臣の対面の儀式を行う場所）と、風呂や能舞台もあった中奥（城主の居所）、台所、多く
の藩士が勤務する役所などからなる城主の公邸です。奥は、中奥の続きに、城主の私邸というべき奥御殿、最も
奥に奥御殿で働く多くの御殿女中が住む長局（長屋）が置かれたため、表御殿よりも広い敷地になっていること
が多くあります。

彦根城の表御殿（滋賀県彦根市）
1987年に復元された表御殿は
彦根城博物館となっており、その内
部には文化的に重要な文物が多数
納められています。

② 御殿の風呂はどういう仕組みだったの?

A 蒸気を利用した風呂でした。

湯釜から発生した蒸気で湯殿を満たし、そのなかで体を洗っていたと考えられます。通常、風呂は中奥に置かれました。

名古屋城本丸御殿の風呂屋形。屋形の裏側にはかまどのような湯釜があり、そこから蒸気を出して屋形(湯殿)を満たしていました。

③ 現存する御殿はいくつあるの?

A 4つしかありません。

明治時代の廃藩置県によって藩がなくなり、御殿で政務が行われなくなったため、大半が取り壊されてしまいました。現在は二条城の二の丸御殿、高知城の本丸御殿、川越城の本丸御殿、掛川城の二の丸御殿の4つしか残っていません。

現存する御殿のひとつ掛川城二の丸御殿(静岡県掛川市)。現存する御殿は、嘉永7年(1854)の大地震で倒壊した旧御殿に代わり、時の城主太田資功によって文久元年(1861)に再建されたものです。

★COLUMN★ お城のトイレの仕組み

　戦国時代には下水道施設がないので、武士は樋箱と呼ばれる「おまる」のようなもので用をたしていました。樋箱の下の部分は、たまった排泄物を捨てやすいように引き出せます。同じ戦国時代でも時代がくだると、樋箱が床に埋め込まれた部屋、つまりいまのトイレのような「厠」が登場します。姫路城の天守の地下(石垣より下の層)の隅には、当時の厠が残されています。昭和期の修理の際にこの厠の下から備前焼の甕が発見されました。

Q 城下町には、
　どんな工夫が施されているの？

松坂城（三重県松阪市）から眺めた往時の名残をとどめる御城番屋敷。カーブが設けられ、見通しが効かなくなっているのがわかります。（写真：蝶（ファラージャ）／PIXTA）

A 見通しを悪くしています。

直進する街路を少しずつずらしたり、直角に折れ曲がらせたりすることで、遠くまで見通せないようにしていました。さらに道を喰い違いにするなど、迷路のようにして敵の侵入を阻んだのです。出丸の代わりに使用するため、堅固な寺院を外郭に配置する城下町もあります。

城にはつきものの城下町には、
城の一部という役割もありました。

城下町のなかには、往事を忍ばせる風情を残すものもあります。

ですが、城下町には、本来、城を守るための防衛線という役割がありました。

つまり、城下町には城の一部という側面もあったのです。

有名な城下町を教えて！

A 弘前、白石、会津若松、近江八幡、
郡上八幡、松阪などが人気です。

弘前城の北側に残る弘前の城下町（青森県弘前市）、伊達家の重臣・片倉家の居城・白石城の城下町である白石（宮城県白石市）、戊辰戦争の舞台となった会津若松城下の会津若松（福島県会津若松市）、八幡山城の近江八幡（滋賀県近江八幡市）、郡上八幡城の郡上八幡（岐阜県郡上市）、松坂城の松阪（三重県松阪市）などが人気で、多くの観光客が訪れています。

郡上八幡の城下町（岐阜県郡上市）。戦国時代末期に築城されて以降、数度の改修を経た郡上八幡城は典型的な山城で、城から見下ろす城下町のたたずまいの美しさに定評があります。

② 城下町は いつごろからできたの？

A 戦国時代に生まれ、
織田信長や豊臣秀吉が
発展させました。

織田信長が安土城を築いた際、城を中心に、重臣など身分の高い者を手前に、境界に近い場所に町屋や寺社を置いて町を築きました。こうした城下町の形成によって都市と農村の分離が本格化しました。また、近年の発掘で、安土城の築城より以前、信長が美濃攻略を見据えて清須より居城を移した小牧山城の城下にも約1km四方の城下町が築かれていたことがわかってきました。

信長公出陣の像。桶狭間へ向けて出陣するときの様子を表現したもので、城跡にある清洲公園（愛知県清須市）に据えられています。

---

③ 城攻めを受けると、 城下町はいつも焼かれてしまうの？

A 城下を守るために惣構（そうがまえ）が造られました。

戦国時代後期、城だけでなく、周囲の城下町や田畑をすべて土塁や堀で囲む惣構が造られました。これにより、城下町の安全が保証され、町は発展を遂げていきます。惣構は土塁や堀だけで構成されたシンプルなものですが、大坂冬の陣で徳川家康が大軍を率いて大坂城を攻めた際にも、真田丸と惣構に阻まれ、攻め落とすことができませんでした。

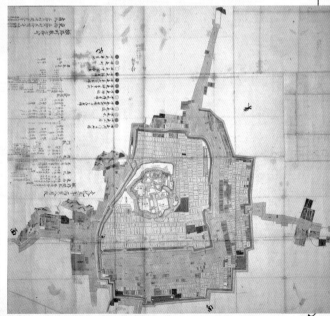

『姫路城下絵図』（兵庫県立歴史博物館所蔵）。姫路城下と街道沿いの町割りを描いた、文化3年（1806）の作。中央が城でその周囲を城下町が囲んでいますが、その城下町も二重、三重に惣構で囲まれています。

Q 外国にも日本のお城はあるの？

米子城に残る「登り石垣」。港を守るために山頂の城から麓にかけて抱え込むように石垣が連なる「登り石垣」が生まれたのも朝鮮出兵の後のことです。(写真:テラス　PIXTA)

A 朝鮮半島には
日本の城が残っています。

豊臣秀吉の朝鮮出兵の際、日本軍が港を確保するために築いた城跡が残っています。18の城が熊川から西生浦に至る慶尚南道に築かれました。

16世紀、海を越えた朝鮮半島に、日本式の城が数多く築かれました。

豊臣秀吉は、文禄元年（1592）と慶長2年（1597）の2度にわたり、
日本から朝鮮半島に大軍を送りました。文禄・慶長の役です。
このとき日本兵の補給基地や拠点として、日本式の城が半島にいくつも築かれます。
「倭城」と呼ばれたそれらの城は、朝鮮や明の兵たちを驚かせました。

Ｑ　いまでも倭城は残っているの？

Ａ　当時のまま残っているものはありません。

天守や櫓、城門、塀など当時の建物が残っている倭城はひとつもありません。石垣や遺構だけが現存し、その多くが現在、公園になっています。

九州の戦国大名・島津義弘が築いた泗川倭城。
20万の明軍の攻撃を撃退したと言われます。

② 倭城は堅牢だったの？

A かなり頑強でした。

もともと日本の石垣の技術は朝鮮半島から伝わってきたものですが、李氏朝鮮では長らく戦争がなかったのに対し、日本では戦国時代に築城技術が飛躍的に発展したため、朝鮮の城よりも防御力が高く、実戦的だったとされます。実際、文禄・慶長の役が終わるまで、明・朝鮮軍の攻撃を受けて落城した倭城はひとつもありませんでした。

③ 有名な倭城を教えて！

A 加藤清正が築いた西生浦倭城が有名です。

現在の蔚山市から南に15kmほどの海に面した小高い山の上に西生浦倭城はありました。文禄2年（1593）に加藤清正が築城したものです。現在は石垣だけが残っていますが、倭城のなかではもっとも保存状態が良いとされています。

西生浦倭城（韓国蔚山広域市）。文禄2年（1593）に加藤清正が築きました。文禄の役の和平交渉は、この城で行なわれたと言います。

④ 倭城が日本の城に与えた影響は？

A 城の形が均一化されました。

倭城は朝鮮へ出兵した大名たちが共同して建設しました。その結果、それまでばらばらだった築城の知識が大名同士、職人同士の間で共有され、技術の均一化が進みました。

大阪城（大阪府大阪市）と大阪の高層ビル群。現在の城は豊臣家滅亡後、徳川家が豊臣家の縄張を埋め立てた上に建てられた江戸時代のものです。

豊臣秀吉と大坂城・名護屋城

信長の死後、その事実上の後継者となった豊臣秀吉が天正11年（1583）に築いたのが大阪府大阪市の大坂城です。このとき縄張をしたのが、秀吉の参謀だった黒田官兵衛でした。大坂城を訪れた大友宗麟は、城のあまりの豪華さに驚き「三国無双の城」であると讃えたとされます。その後、秀吉は朝鮮への出兵を決意し、佐賀県唐津市に名護屋城を築きました。秀吉もこの城に移動し出兵を指揮しましたが、秀吉の死によって大陸侵攻が中止になると、廃城になりました。

名護屋城（佐賀県唐津市）の石垣。名護屋城は朝鮮出兵が終わると、解体され唐津城などに遺構が再利用されたと言われます。

江戸城（東京都千代田区）の天守台。明暦の大火まで巨大な天守がそびえていました。

天下統一後、徳川家康が隠居所として、大御所政治を展開した駿府城（静岡県静岡市）の巽櫓と東御門。

徳川家康と江戸城・駿府城

天下を統一し江戸に幕府を開いた徳川家康が築いたのが、東京都千代田区にある江戸城です。この城は15世紀中ごろの武将・太田道灌によって築かれた城を起源とし、家康によって大拡張されたものです。しかし家康は、幕府を開くとすぐに三男の秀忠へ将軍職を譲り、駿府城で晩年を過ごします。この城の場所にはもとは今川氏の駿府館がありましたが、のちに武田氏の城となり、天正10年（1582）、織田・徳川連合軍によって武田氏が滅亡したのち、関東移封まで家康のものとなっていました。

Q お城を建てるのには、
　どれくらいの時間がかかるの？

『築城図屏風』は、城の普請の様子を描く屏風絵で、街並みの様子から慶長12年（1607）に始まる駿府城築城の様子を描いたものと言われています。石垣の建築方法が、活気溢れる人々の姿と共に蘇ります。（写真提供：名古屋市博物館）

A 1日でできた城もあれば、
30年以上かかった城もあります。

城攻めのための臨時的な城は、1日から数日で造られています。堀を掘って土塁を盛り、木を切って簡易な住まいを造っただけです。一夜城で有名な石垣山城は、約3〜4万人を動員し、80日で完成させています。諸大名に命じて天下普請で築かせた名古屋城は約3年、江戸城は、家康が工事を始め、家光が外郭を完成させるまで、実に33年かかっています

実用的な城を建てることこそが、戦時においてもっとも重要でした。

城の第一の役割は、なによりも城主と城兵の命を守るということです。
そのために戦国武将たちは、少しでも堅牢な城を築こうと知恵をしぼり心血を注ぎました。
そして、しだいに築城名人と呼ばれるような人たちも登場してきます。

① 城はどんな工程で築かれるの?

A 選地→縄張→普請→作事の順番で造られます。

選地はどの土地に城を築くか決めること。縄張は曲輪や土塁、石垣などをどのように設置して、どこに建てるかを決めること。普請は縄張に基づいて土地を均し、石垣や土塁を建設して曲輪を設けていくこと。作事は整えられた土地の上に天守や御殿、櫓（やぐら）などの建物を建てていくことです。

② 石垣の石に刻まれているマークはなに?

A 持ってきたのが、どこの家（所有者）かひと目でわかるようにするものです。

駿府城石垣の刻印（静岡県静岡市）。

③ 天守のあるお城を建てるのには、どれくらいのお金がかかるの?

A 建設費はあまりよくわかっていません。

実際に使った費用のわかる城はほとんどありません。江戸時代末期に海防強化のため、松前藩が江戸幕府に命じられ、福山館を拡張する形で築城し、安政元年（1855）に完成した松前城は、15万両かかっています。現在の金額に換算すると、約15億円になります。

Q④ 築城名人ってなにをする人?

A 主に曲輪の並べ方を決める人です。

城を建てる上でいちばん重要なのは、縄張です。縄張はいわば城の設計図なので、これがしっかりしていないと機能的な城にはなりません。縄張をする際は、平面図だけでなく、木に彫刻して壁や区画などを立体的に表わした木図や、木箱内の土砂で城全体を立体的に表わした土図も用いられました。

Q⑤ 戦国武将の築城名人が建てた城を教えて!

A 加藤清正の熊本城、藤堂高虎の津城や伊賀上野城、山本勘助の小諸城、黒田孝高の中津城や福岡城などが有名です。

熊本城は、近代戦でも落城しませんでした。津城は明治維新まで藤堂氏の居城になった城、伊賀上野城は大坂城に対抗する目的で築かれた城、小諸城は武田信玄が東信濃を押さえるために築かれた城、中津城は日本三大水城のひとつ、福岡城は明治まで福岡藩黒田氏の居城となった城です。

加藤清正像と名古屋城(愛知県名古屋市)。清正は戦国時代を代表する築城名人で、名古屋城の天守や熊本城を築きました。

藤堂高虎像と今治城(愛媛県今治市)。藤堂高虎は、豊臣秀吉と徳川家康に仕え、江戸城、二条城、伊賀上野城をはじめ数々の城を築きました。層塔型の天守を考案したのも高虎と言われます。

紅葉の小諸城(長野県小諸市)。小諸城は、武田信玄の軍師・山本勘助が築いた城で、城下町よりも低地に縄張された珍しい城です。天守は現存しませんが、石垣や櫓など残された遺構が往時をしのばせます。

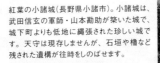

Q 城を攻めるとき、
なにから始めるの？

A 城のまわりに砦を築いて
城を包囲し、
補給を断ちます。

こうした砦を「陣城」、「付城」と呼びます。

落ちない城はない──、
強固な城に対峙する作戦とは？

城は基本的に攻める側よりも、守る側のほうが有利です。
しかし攻め手は難攻不落の城を落とすために入念な準備をし、
兵糧攻め、水攻め、坑道戦術など、さまざまな作戦を練ります。

Q 陣城や付城の建築資材は
どうやって調達したの？

A 築城キットを用意し、何度も解体して使いました。

城を攻める際には、あらかじめ加工しておいた木材を運び込んでおき、数日でそれを組み立てて陣城としました。また、
付近の寺院や廃城から資材を調達することもありました。

関ヶ原古戦場に再現された西軍の島左近陣跡。戦いの際にはあらかじめ整えられた資材を使いまわして陣城が築かれました。

② 城を攻めるときは、兵士が一斉に攻めかかっていたの？

A 攻城兵器が使われたと考えられています。

攻城兵器は、行天橋（ぎょうてんばし）や釣井櫓（つりいせいろう）、竹束などが代表的なものです。行天橋は堀や石垣をよじ登るために伸縮自在の梯子に車をつけたもの、釣井櫓は移動できるようにした簡易櫓、竹束は敵城からの矢玉を防ぐために竹を束にして作った盾です。ただし、これらは江戸時代の軍学書に記されたもので、実際にどのような攻城兵器があったのかははっきりしていません。

毎年関ヶ原町にて開催される関ヶ原合戦祭の様子。城に対する一斉攻撃を「力攻め」と呼びます。

③ 城攻めにはどんな戦術があるの？

A 力攻め、夜襲、水攻め、兵糧攻めなどがあります。

城を包囲し、自軍の犠牲を覚悟で一気に城に攻めかかる「力攻め」や、少数の軍勢で城の手薄な場所に不意打ちをかける「奇襲」、兵士が眠った夜に奇襲をかける「夜襲」がよく用いられています。また、城の水源を断ったり、城を水没させたりする「水攻め」、完全に城を取り囲んで食糧を断つ「兵糧攻め」、坑道を掘って突撃部隊を送り込む「坑道作戦」などがありました。

鳥取城天球丸（鳥取県鳥取市）。石垣の崩壊を防ぐために球型に積み上げられた巻石垣です。鳥取城は羽柴秀吉の苛烈な兵糧攻めによって落城した城として有名。秀吉は城の周囲に陣城をめぐらして兵糧の搬入を止め、城内に飢餓地獄を現出させました。

Q 日本の城の壁は西洋の城に
比べて低いけど大丈夫なの?

日本三大山城のひとつに数えられる岩村城（岐阜県恵那市）。城の中核へと続く坂は先を見通せず、攻め手の視点からはどんな罠が待っているのかわかりません。（写真：masaya／PIXTA）

A 大丈夫です。
徐々に引き込んで相手を倒します。

日本の城には、相手を城内へ引き入れて少しずつ兵力を殺いでいくコンセプトで設計された城もありました。

ただ守りを固めるのだけが、城の防御戦術ではありません。

城を守る側は、立て籠ってひたすら耐えるだけではありません。
各種の守城兵器を駆使して敵にダメージを与えたり、
積極的なゲリラ戦術を用いたりしていました。
そうやって相手を疲弊させていったのです。

Q 城に追い詰められてしまったら、勝ち目はないんじゃないの？

A むしろ勝てる可能性が高まります。

城に長く立て籠り、ひたすら耐えて援軍を待ちました。そして、近隣の城から駆けつけた援軍（後詰）とともに敵方を挟撃するのです。こうした戦い方を「後詰決戦」と言います。鉄砲戦術で有名な長篠の戦いも、守城側の援軍が、攻撃側を破った後詰決戦でした。

後詰決戦の流れ

① 援軍出発　救援要請を受けた城から援軍が出発。攻撃を受ける城は籠城して援軍を待つ。

支城は籠城戦を展開し、援軍を待つ。

有力な支城や本城などから援軍が出発。

② 後詰決戦　援軍が到着すると攻撃側が迎撃に出るため、状況に応じて城内の兵も出撃して援軍を助ける。

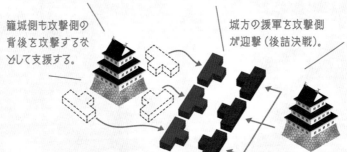

籠城側も攻撃側の背後を攻撃するなどして支援する。

城方の援軍を攻撃側が迎撃（後詰決戦）。

② 籠城側はどんな兵器で迎え撃ったの?

A いちばん使われたのは、鉄砲や弓矢などの飛び道具です。

大坂冬・夏の陣を見ると、逆茂木や乱食杭を打ち込んで侵入を防ぎ、紐を張って提灯を吊るし夜間射撃ができるようにしていました。江戸時代の軍学書には、夜叉擂(やしゃらい)と呼ばれる5寸ほどの釘を打ちつけた長さ1丈ほどの丸太を城壁の下へ落として振り回したり、松明を入れた籠の火籃を城壁に取りついた敵にめがけて振り回したりしたと書かれていますが、実際に使われたかどうかはわかりません。

蒲原城跡善福寺曲輪の逆茂木(静岡県静岡市)。戦国時代初期に今川氏によって築かれたとされる蒲原城は、今川氏、北条氏、武田氏などの勢力がせめぎ合う最前線の城でした。

③ 籠城側は耐えるしかないの?

A 積極的にゲリラ戦も行ないました。

攻撃側に兵糧を運ぶ部隊を小荷駄(こにだ)と言います。籠城側は密かに城を出たり、城外の部隊を動かしたりしてこの小荷駄を襲い、逆に相手を兵糧攻めにしました。奪った兵糧は、もちろん自軍の食糧とします。

佐賀城鯱の門(佐賀県佐賀市)。元亀元年(1570)、3万もの大友軍に佐嘉城(佐賀城の旧名)を包囲された兵力わずか3千の龍造寺軍は、攻城側の油断を知ると城を出て敵の本陣を奇襲し敵将を討ち取りました。

織田信長の妹お市と浅井長政の間に生まれた娘で、のちに豊臣秀吉に愛されて秀頼の母となった淀殿は、戦国の終焉と共に悲劇的な最期を迎えました。（写真提供：奈良県立美術館）

Q 女性も城主になれたの？

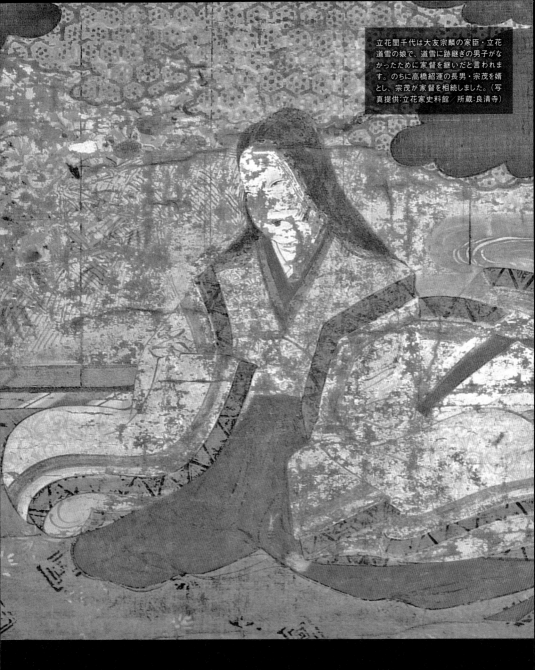

立花誾千代は大友宗麟の家臣・立花道雪の娘で、道雪に跡継ぎの男子がなかったために家督を継いだと言われます。のちに高橋紹運の長男・宗茂を婿とし、宗茂が家督を相続しました。（写真提供：立花家史料館　所蔵：良清寺）

A 井伊直虎や岩村城のおつやの方、立花誾（ぎん）千代などがいました。

豊臣秀吉の側室・淀殿も一時城を預かっていました。

戦国時代、女性の身でありながら、男たちを率いた城主がいました。

城主と言えば、勇猛な男性の戦国武将をイメージするかもしれません。
しかし戦国時代には、数はそこまで多くないものの
果敢に城主として戦った女性たちもいました。
彼女たちの活躍も、城の歴史の確かな1ページなのです。

 ## 女性が城主になったのはなぜ？

A 跡継ぎが
幼少だったり、
男子がいない
という理由が
多いです。

井伊直虎は井伊家の男子が年少の虎松だけになったため、井伊谷城（静岡県）の城主になったとされています。おつやの方も、新当主が幼少のため美濃岩村城（岐阜県）の城主に就任しました。筑前立花城（福岡県）の城主の立花誾千代は、父の道雪に男子がいなかったため正式に家督を譲られました。

井伊谷城址からの眺望（静岡県浜松市）。井伊谷城は、井伊家発祥の地・井伊谷（いいのや）を望む山に築かれた山城です。

② 上杉謙信って
女性だったの？

A　そういう説もあります。

越後の戦国大名で春日山城を居城とした上杉謙信は、女性だったかもしれないという説があります。謙信は生涯結婚をせず、身辺に女性を置こうとしなかったためです。ほかにも婦人病で死んだ、「男も及ばぬ大力無双」という歌があるなどの根拠が挙げられますが、否定される傾向にあります。一方、女城主の代表的な存在とされる井伊直虎は、実は男性だったという説もあります。

春日山神社に立つ上杉謙信の像。上杉謙信は、自身を毘沙門天の化身となぞらえて戦いのなかに身を置き続けました。

③ 戦いのとき、城内の女性たちは
なにをしていたの？

A　鉄砲玉を作ったり首実検の準備をしたりしていました。

こうした証言が記された『おあん物語』は、石田三成の家臣・山田去暦の娘が、少女時代に体験した攻城戦の様子などを、のちに子どもたちに語ったものをまとめたものです。いわば、女性の視線で見た戦国時代の貴重な記録と言えるでしょう。関ヶ原の戦いの際、おあんの父が大垣城の守備に当たっていたため、徳川方の軍勢に攻められた際、おあんが母や城内の女性たちと城の天守で鉄砲玉を作ったこと、首実験の準備を手掛けたことなどが記されています。また、首実検を前に、味方が討ち取った敵将の首に鉄漿（お歯黒）を塗って死化粧を施す作業を行なったという生々しい証言も掲載されています。

雪の大垣城（岐阜県大垣市）。おあんが生活した大垣城は、戦国時代を通じて領有する大名が目まぐるしく変遷しました。

Q 織田信長は、安土城のほかに
　どんなお城を築いたの？

安土城の復元CG。安土城は城郭史を大きく変える革命的建築となりました。しかし、惜しくも本能寺の変後の混乱のなかで焼失。幻の城となりました。（復元：三浦正幸／CG制作：株式会社エス）

A 小牧山城や岐阜城などが
あります。

小牧山城（愛知県）では碁盤の目状の町割りを行ない、岐阜城では稲葉山山麓に4階建ての楼閣を持つ御殿を築いたのではないかと考えられています

戦国の風雲児・織田信長は、城にも革新をもたらしました。

信長は因習にとらわれず、さまざまな革新を行なったことで
天下統一の目前まで至りました。
その革新性の象徴のひとつが、独創的な建築様式だったとされる安土城です。
さらに、信長は安土城の次の居城のことも考えていたとされます。

① 信長は何回居城を変えたの?

A 生涯で4回変わっています。

織田信長は10代で那古野城の城主となりました。その後、尾張国内を統一すると尾張守護の居館だった清須城に移り、今川義元を桶狭間で破ったあとは美濃を攻略するために美濃に近い小牧山に小牧山城を築城し、そこを居城とします。そして、美濃制圧を成し遂げると、斎藤氏の居城・稲葉山城の跡に新たに岐阜城を建てました。そして、天正4年(1576)の長篠の戦いで武田軍を破った翌年に琵琶湖のほとりに建てた安土城が、信長の最後の城になりました。

那古野城跡の碑。那古野城は、現在の名古屋城二の丸付近にあったとされています。また名古屋市中村区と西区には「那古野」という地名も残っていますが、その読み方は「なごや」ではなく「なごの」と読みます。

② 岐阜城に豪華な御殿があったって本当?

A 宣教師のルイス・フロイスが「宮殿」と呼んだ御殿があったと考えられています。

岐阜城のあった金華山(稲葉山)の麓には、信長の御殿があったとされています。道の両側に巨石を並べてつくった塀がめぐらされ、その突き当りの千畳敷と呼ばれるところに御殿がありました。4層の華麗なものだったとも言われています。フロイスはここを「地上の楽園」と評しています。

③ Q 安土城ってどこがすごいの？

A 初めて総石垣で築かれ、大型の天主（天守）を持つなど
独創的な様式だったことです。

安土城は焼失してしまったため、どのような城であったか不明な点が
多いのですが、高さ約32mの地下1階地上6階建ての大型天主
が威容を誇る、当時としては斬新な様式の城だったと推測されてい
ます。また、宣教師のルイス・フロイスは、内部の壁は金色、外部
は層によって色を変えているなど、安土城の豪華絢爛さを伝えてい
ます。

安土城の石垣。粘土を用いずに石同士を直接組み合
わせる「空積み」によって築かれました。この手法が一
般化したことで、高石垣が築かれるようになったのです。

④ Q 信長は、安土城の次に
どこに城を築く予定だったの？

A 大坂だったとも言われています。

信長が本能寺の変で落命していなければ大坂に築城して、そこを次の居城としていた可能性があるとも言われて
います。信長が大坂に城を築こうとしていたと考えられる理由は、瀬戸内海につながる港があり、海上交通の要
地であること。京都に近く、さらに西日本制圧の足がかりにしやすいことなどが挙げられています。のちに豊臣秀
吉が大坂城を築きますが、信長の計画を受け継いだだけなのかもしれません。

大阪（大坂）は、現在でも多くの船舶や航空機が港や空
港に寄港する一大商都です。信長の見果てぬ夢は豊臣秀
吉に引き継がれ、そして現在にいたるのです。

朝倉義景と一乗谷
あさくらよしかげ

越前の大名・朝倉義景の拠点だったのが、福井県福井市の一乗谷城と山麓の谷に沿って広がる城下町でした。京文化が栄え、北ノ京とも呼ばれた土地でしたが、織田信長の軍勢によって灰燼に帰しました。

戦国時代の建物が復元されている一乗谷（福井県福井市）。

浅井長政と小谷城
あざいながまさ

織田信長の妹・お市の方の夫であった浅井長政の居城が滋賀県長浜市にあった小谷城です。しかし長政が信長を裏切り、敵対したことで攻められ、長政はお市の方を信長に返してから自害。子供のうち、茶々、初、江の3人の女子はお市とともに信長の下へ移りましたが、嫡男・万福丸は信長により殺害されて浅井家は滅亡し、小谷城は落城しました。

小谷城黒金門跡（滋賀県長浜市）。

柴田勝家と北ノ庄城

お市の方は浅井長政の死後、柴田勝家の妻となります。その勝家の居城だったのが、福井県福井市にあった北ノ庄城です。しかしお市の方は、勝家が羽柴秀吉と対立して敗れたため、夫とともに城内で自害しました。

北ノ庄城の本丸跡と言われる柴田公園と柴田神社（福井県福井市）。

鳥取城の渇え殺し

秀吉は中国攻めの際、容赦のない兵糧攻めで鳥取城を追い詰めました。城内には3千人以上の兵や近隣農民が籠城していましたが、城には20日分の兵糧しか用意されておらず、餓死者が続出したのです。これを鳥取城の渇え殺しといいます。

鳥取城（鳥取県鳥取市）。

お気に入りのお城と出会う
旅に出かけよう。

津山城址（岡山県津山市）

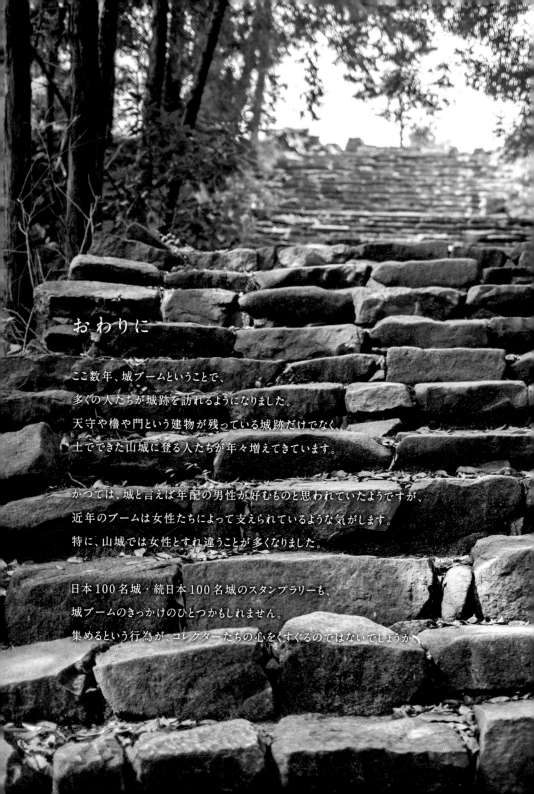

おわりに

ここ数年、城ブームということで、
多くの人たちが城跡を訪れるようになりました。
天守や櫓や門という建物が残っている城跡だけでなく、
土でできた山城に登る人たちが年々増えてきています。

かつては、城と言えば年配の男性が好むものと思われていたようですが、
近年のブームは女性たちによって支えられているような気がします。
特に、山城では女性とすれ違うことが多くなりました。

日本100名城・続日本100名城のスタンプラリーも、
城ブームのきっかけのひとつかもしれません。
集めるという行為が、コレクターたちの心をくすぐるのではないでしょうか。

岩村城址（岐阜県恵那市）

最近はお城版の御朱印である「御城印」も注目されています。

全国で200城以上の城で販売しています。

城をめぐる環境が大きく変わってきたことを実感するこの頃です。

城本来の戦闘的な部分だけではない、

時代を伝える芸術品としての魅力に、ぜひ触れてみて下さい。

桜、夏空、紅葉、そして雪、どれもが城の美しさを際立たせてくれます。

加藤理文

★ 加藤理文（かとう・まさふみ）

静岡県浜松市（旧磐田郡水窪町）出身。1981年駒澤大学文学部歴史学
科卒業。公立中学校教諭（社会科）、財団法人静岡県埋蔵文化財調査
研究所、静岡県教育委員会文化課などを経て、袋井市立浅羽中学校教
諭（その間、磐田市立第一中学校、袋井市立周南中学校教諭）。
2011年『考古資料から見た織豊権力構造の成立と展開』で広島大学文
学博士取得。日本城郭協会理事・学術委員会副委員長、織豊期城郭研
究会共同代表、NPO法人城郭遺産による街づくり協議会監事を歴任。
著書に『織豊権力と城郭─瓦と石垣の考古学』（高志書院）、『織田信長
の城』（講談社）、『日本から城が消える』（洋泉社）、共著に『近世城郭
の考古学入門』（高志書院）、『山城を極める』（学研プラス）など多数。

★ 主 な 参 考 文 献 （順 不 同）

・『城―歴群［図解］スター』香川元太郎（学研パブリッシング）

・『戦国の合戦』小和田哲男（学習研究社）

・『よくわかる日本の城　日本城郭検定公式参考書』加藤理文（学研プラス）

・『城郭の見方・調べ方ハンドブック』西ヶ谷恭弘（以上、東京堂出版）

・『城館調査の手引き』中井均（山川出版社）

・『城の科学　個性豊かな天守の「超」技術』萩原さちこ（講談社）

・『織田信長の城』加藤理文（講談社）

・『城のつくり方図典 改訂新版』三浦正幸（小学館）

・『名城の日本地図』西ヶ谷恭弘、日?貞夫（文藝春秋）

・『透視＆断面イラスト　日本の城』香川元太郎、西ヶ谷恭弘（世界文化社）

・『日本城郭史』斎藤慎一、向井一雄（吉川弘文館）

・『近世城郭の考古学入門』中井均、加藤理文編（高志書院）

世界でいちばん素敵な
お城の教室

2020年3月15日　第1刷発行
2024年5月1日　第4刷発行

印刷・製本　図書印刷株式会社
発行　株式会社三才ブックス
〒101-0041
東京都千代田区神田須田町2-6-5 OS'85ビル 3F
TEL：03-3255-7995
FAX：03-5298-3520
http://www.sansaibooks.co.jp/
mail：info@sansaibooks.co.jp

監修	加藤理文
編集・文	ロム・インターナショナル
編集協力	バーネット
写真協力	アフロ、Adobe Stock、PIXTA、奈良県立美術館、立花家史料館、国立歴史民俗博物館、名古屋市博物館、良清寺、株式会社エス
装丁	公平恵美
本文DTP	伊藤知広（美創）
発行人	塩見正孝
編集人	神浦高志
販売営業	小川仙丈
	中村崇
	神浦絢子